Nikolaus Nützel
Gebrauchsanweisung für Andalusien

Nikolaus Nützel

Gebrauchsanweisung für Andalusien

Piper
München Zürich

Außerdem liegen vor:

Gebrauchsanweisung für Amerika von Paul Watzlawick
Gebrauchanweisung für China von Uli Franz
Gebrauchsanweisung für Deutschland von Maxim Gorski
Gebrauchsanweisung für England von Heinz Ohff
Gebrauchsanweisung für Griechenland von Martin Pristl
Gebrauchsanweisung für Irland von Ralf Sotscheck
Gebrauchsanweisung für Israel von Martin Wagner
Gebrauchsanweisung für Japan von Gerhard Dambmann
Gebrauchsanweisung für Kuba von Arno Frank Eser
Gebrauchsanweisung für Mexiko von Susanna Schwager
und Michael Hegglin
Gebrauchsanweisung für New York von Natalie John
Gebrauchsanweisung für Schottland von Heinz Ohff
Gebrauchsanweisung für die Schweiz von Thomas Küng
Gebrauchanweisung für Tibet von Uli Franz
Gebrauchsanweisung für Tschechien von Jiří Gruša
Gebrauchsanweisung für die Türkei von Barbara Yurtdaş

ISBN 3-492-04278-3
© Piper Verlag GmbH, München 2000
Gesetzt aus der Bembo-Antiqua
Gesamtherstellung: Clausen & Bosse, Leck
Printed in Germany

Inhalt

Land für Träume
Eine subjektive Einleitung   7
Wo eigentlich liegt Andalusien?
Zu den Reisewegen der Region 13
Die ärmlichen Bayern Spaniens
Oder: Sind Andalusier anders? 21
Orient in Europa?
Anmerkungen zu Besonderheiten
in der Geschichte Andalusiens 36
Zwischen Autovía und Eselsrücken
In Andalusien unterwegs 46
Zwischen Bettenburg und Maurenburg
Unterkommen in Andalusien 69
Sprechen Sie Spanisch?
Verständigung und Patriotismus in Andalusien . . . 82
Ay! Aayy! Aaayyy!
Flamenco: Die Musik, die wir nie ganz
verstehen werden 94
Haltung bewahren und dann umfallen
Feste in Andalusien 106

Der Stier am Straßenrand
Ein Exkurs 114
Rätselhafte Rituale
Andalusiens Liebe zum Stierkampf 119
Wo Glaube echte Arbeit ist
Andalusische Religiosität 132
Eine Haßliebe
Andalusien und die Sonne 153
Auf der Suche nach dem verborgenen Genuß
Andalusische Gastronomie 166
Fluchtpunkt Andalusien
Verheißenes Land für Emigranten aus Manchester,
Mainz und Marrakesch 184

Land für Träume
Eine subjektive Einleitung

Andalusien. Ein Wort wie Musik, finden Sie nicht? Ein Wort jedenfalls, das jeden Textchef eines Reisekataloges in Schwärmerei verfallen läßt über mediterranes Paradies im Süden Spaniens, exotische Symbiose aus arabischer und europäischer Kultur, Mystik des Morgenlandes und und und. Die Gegend hat alles: Meer, Berge, Seen, Schnee, Wälder, Kunst, Architektur, gutes Klima, ordentliches Essen. Und eben den Zauber, der schon im Namen liegt – der *ist* Musik: Andalusien.

Mit diesem Wort kann jeder etwas verbinden, egal, ob er bereits dort gewesen ist, oder versucht hat, sich die Realität Andalusiens zu erarbeiten. Denn mindestens so wichtig wie die Wirklichkeit dieser Landschaft ist ihr Traumbild. Diese Erkenntnis haben sich übrigens nicht zuerst die Texter von Reisekatalogen ausgedacht, sondern Andalusier, wie zum Beispiel der Schriftsteller Luis Cernuda. Der sah in dem Land »einen Traum, den die Andalusier in ihrem Inneren tragen«.

Wer Andalusien kennenlernen will, der kann einfach ein Flugzeug oder ein Auto besteigen und drei Stunden oder drei Tage später Landschaften und Städte erkunden. Wer sich diesen Landstrich darüber hinaus wirklich erschließen will, muß sich an einen Traum annähern. Wie das im einzelnen Fall gelingen kann, dafür weiß ich kein Patentrezept. Mein persönlicher Traum von Andalusien begann, kaum daß ich lesen konnte. Damals sog ich Asterix-Hefte in mich auf, und einer meiner Favoriten war *Asterix in Spanien*, der korrekterweise heißen müßte: *Asterix in Andalusien*. Denn Pepe, der Junge, den die beiden tapferen Gallier beschützen, kommt nicht aus irgendeinem Dorf im großen Spanien. Nein, er kommt aus einem Dorf bei Hispalis, dem heutigen Sevilla, der Hauptstadt der autonomen Region Andalusien.

Und schon in jenem Asterix-Heft aus dem Jahr 1969 enthält Andalusien so vieles, was mich fesselte: Diese trockenen, weiten, rotbraunen bis weißgelben Landschaften. So ganz anders als unser satt-grünes Deutschland. Ein anderer Menschenschlag war das dort – anfangs abweisend, aber bei näherem Kennenlernen unendlich herzlich. Und eine andere Musik hatten die Andalusier offenbar. Es ist der einzige Band, in dem Obelix am Ende des Abenteuers ekstatisch tanzend singt: »Ay ay ay Mama, ich bin so unglücklich.« Und überhaupt: Andalusien war weit weg. Also ein Ort der Sehnsucht.

Alles, was ich im Laufe der Jahre über Andalusien erfuhr, bestärkte mich in der Gewißheit: Es ist ein besonderer Landstrich, für manche der faszinierendste in Europa, wenn nicht in der Welt. Ort der Sehnsucht für mich wie für viele andere. Schriftsteller wie Rilke liebten ihr Andalusien. Bizet hat in seiner Interpretation von Merimées *Carmen* schon 1875 den bunten Bilderbogen Südspaniens gespannt, dessen Bewohner so leidenschaftlich sind, daß Liebe schnell mit Mord endet.

Eingängiger noch als Bizets Klänge waren mir die Hymnen der Pop-Musiker, die ich verehrte. Jim Morrison besang in Begleitung der Doors die Verheißung des Lebens in Südspanien: »Andalusia with fields full of grain, I have to see you again and again«. Und Chris de Burgh raunte in seinem »Spanish Train« von einem Zug, in dem Gott und der Teufel um die Seelen der Toten spielten. Dergleichen konnte man nicht in meiner Heimat Mittelfranken ansiedeln und ebensowenig in der angelsächsischen Heimat von Chris de Burgh. Aber in Andalusien! – Was für ein Land mußte das sein!

Erst später begann ich zu argwöhnen, daß der Doors-Frontmann Morrison bei der Verherrlichung seines Andalusien-Bildes künstlerische Freiheit walten ließ. Die Kornfelder, die er als besonders charakteristisch ansah, waren nach anderen Beschreibungen nicht das Typischste für andalusische Ländereien. Meine Ernüchterung wuchs, als ich mit fortschreitenden Studien spanischer Gitarrenmusik entdeckte, daß die Doors für ihre »Spanish Caravan« eine Anleihe aus dem Musikstück »Asturias« des Komponisten Isaac Albéniz gemacht hatten. Das nordspanische Asturias trennen rund tausend Kilometer vom Süden, und es hat kulturell – zumindest innerhalb Spaniens – mit Andalusien rein gar nichts zu tun.

Beim Studium der Landkarten fiel mir überdies auf, daß der Pop-Barde Chris de Burgh sich vom Bann Andalusiens hoffnungslos benebeln ließ, als er seinen Spanish Train »between Guadalquivir and old Seville« auf die Reise schickte. Unter dem Namen Guadalquivir fand ich nichts als einen Fluß, der geradewegs durch das alte Sevilla strömt. Für ein »between« war da kein Platz.

Meine Gewährsleute in der Pop-Musik waren wenig vertrauenswürdig, das wurde mir da endgültig klar. Um meine Sehnsucht mit Asterix zu stillen, war ich bald zu alt. Es wurde Zeit, daß ich dieses Andalusien mit eigenen Augen betrachtete. Sobald ich volljährig war, kaufte ich mir ein Interrail-Ticket.

Auf jener ersten Fahrt bestätigte sich mir auf fast jedem Kilometer, den ich mich Andalusien näherte, daß dort eine andere Welt auf mich wartete. Im Zug teilte ich ab Paris das Abteil mit Nordafrikanern. Andalusien war offenbar tatsächlich die Brücke zwischen Morgenland und Abendland. Mein spanischer Freund Enrique, bei dem ich in Madrid einige Tage Quartier machte, warnte angesichts meiner hochgespannten Erwartung, sehr lustig seien sie, die Andalusier, aber auch verschlagen. Ich solle auf meinen Geldbeutel aufpassen.

Schließlich vor Ort, fand ich vieles von dem, was

ich erhofft hatte: märchenhafte Schlösser und Moscheen im Stile von Tausendundeiner Nacht, weite Landschaften. Leute, die hinter den Mauern ihrer Höfe einfach so den Flamenco jammerten. Und ich genoß das prickelnde Gefühl, nicht dazuzugehören, mich unter Menschen zu bewegen, die anders waren als meine Landsleute.

Freilich gab es daneben Orte, an denen ausschließlich Heino und Rex Gildo aus den Boxen der Stereoanlage jammerten und wo das Pils beim Zapfen seine vollen acht Minuten Zeit bekam, wie es sich der deutsche Biertrinker wünscht. Andalusien ist nicht nur eine Mischung aus Orient und Okzident, mußte ich feststellen, sondern auch eine Melange aus Oberhausen und Subtropen.

Ich brauchte einige Zeit, um zu kapieren, daß das Andalusien, das *ich* suchte, mindestens so artifiziell war, wie das, welches sich Manni und Helga in der Bierbar bei Willy gezimmert hatten. Noch mehr Zeit brauchte ich, um zu begreifen, daß beide Entwürfe von Andalusien sich mit der Realität decken. Denn Andalusien ist groß, nicht nur räumlich. Doppelt so groß wie die Schweiz, größer als Österreich und fast so groß wie Portugal ist die autonome Region, so lehren die Statistiken. Aber die *Idee* Andalusien ist so umfassend, daß unendlich viele Projektionen und Sehnsüchte hineinpassen, und viele Gefühle. Und wer die *Idee Andalusien* zu denken versucht, kommt möglicherweise noch näher heran, als derjenige, der den *Traum Andalusien* fassen möchte.

Das ist vielleicht für den Anfang der wichtigste Ratschlag in einer *Gebrauchsanweisung für Andalusien*: den Zugang finden über Assoziation und Gefühl. Wunderbar irrationale Sehnsüchte zulassen, auch wenn sie dem echten Andalusien des 21. Jahrhunderts nicht immer und überall gerecht werden.

Dieses Land bringt noch nach jahrelanger Vertrautheit immer neue Saiten in einem zum Schwingen. Auf einer meiner Reisen fuhr ich in der Nähe von Tarifa, wo ich vorher nie gewesen war, um eine Kurve und plötzlich lag vor mir die Küste Afrikas. Ich stehe auf europäischem Boden, und jenseits eines schmalen Streifens Wasser sehe ich den geheimnisvollen Kontinent Afrika. Das ist ein Gefühl, das einem nur Andalusien schenken kann.

Es lohnt sich, eine Reise nach Andalusien stets auch geistig und emotional anzutreten. Was Ihnen im Land begegnet, wenn Sie sich physisch dahin aufmachen, zunächst darüber möchte ich Ihnen ein paar Eindrücke vermitteln.

Wo eigentlich liegt Andalusien?
Zu den Reisewegen der Region

*E*ine Reise zu entwerfen, die einen Eindruck von
Andalusien vermittelt, scheint beim ersten Überlegen nicht schwer. Zunächst muß man mit einem be-
liebigen Verkehrsmittel so weit in den Südwesten
Europas vorstoßen, bis es nicht mehr weitergeht. Dort
angekommen, kann man es sich am Strand von Torremolinos, Marbella oder auch Conil de la Frontera be-
quem machen und einige schöne Tage, Wochen oder
den Rest seines Lebens verbringen. Auf diese Weise
läßt sich ein möglicherweise etwas beschränkter, aber
doch netter Eindruck von dem jeweils gewählten Aus-
schnitt Südspaniens gewinnen. Oder man kann etwas
mehr Ehrgeiz entwickeln, die Vielfalt der Gegend zu
erkunden. Dann ist ebenfalls klar, was man möchte:
maurische Paläste besichtigen, Kirchen und Klöster.
Vielleicht noch das eine oder andere Sonnen- und
Wasserbad nehmen, unter Umständen auf den Höhen
eines Gebirgszuges wandern. Das echte Leben der
Einheimischen durch Blicke in einige Innenhöfe in
weißen Bergdörfern begutachten. Mit etwas Glück

gelingt dabei ja ein Schwätzchen mit Pepa oder Juan. Abends gutes Essen und eventuell einmal eine Flamenco-Show. Folglich klappert man Granada samt Alhambra ab, Ronda, Córdoba und Sevilla. Die Naturliebhaber stapfen durch die Sierra Nevada oder die Sierra de Cazorla. Tierkundler versuchen im Nationalpark Coto de Doñana Vögel zu erspähen. Wer etwas Extraprogramm wünscht, kann als Surfer gegen den Wind bei Tarifa ankämpfen oder als Golfer gegen den Wind der Mittelmeerküste. All die Stationen zu besuchen, die in den einschlägigen Landkarten mit mehreren Sternchen gekennzeichnet sind, ist vielleicht gar kein schlechter Ansatz, um sich Andalusien zu erschließen.

Man kann auch ganz andere Philosophien verfolgen. Sie können sich vornehmen, sämtliche Landschaften wirklich gründlich und tiefgehend zu erforschen. Die fleißigen Tourismusbeamten Andalusiens haben dafür alle Vorbereitungen getroffen und haben ein Netz von weit über hundert Strecken ersonnen, mit denen jeder Winkel und jedes Örtchen unter dem Aspekt ausgeleuchtet wird, ob sich dort nicht eine Sehenswürdigkeit verbergen könnte. Es ist mir nicht gelungen, völlig exakt auszuzählen, wie viele Routen es sind, aber wenn ich mich nicht sehr irre, summieren sie sich auf ziemlich genau einhundertundsiebzig. Ich wage zu behaupten: Das ist Weltspitze.

Die Routen lassen sich in verschiedene Kategorien einteilen. Einmal in die sichtbaren und die unsichtbaren. Und daneben können wir zwischen den selbsterklärenden und den erklärungsbedürftigen Strecken unterscheiden. Die sichtbaren Tourismusrouten sind mit Schildern an den jeweiligen Straßen gekennzeichnet, die darauf hinweisen, daß Sie sich nunmehr zum Beispiel auf der *Ruta de los pueblos blancos* befinden, also der Route der weißen Dörfer. Das ist eine sehr reizvolle und lohnende Tour zwischen Ronda und Arcos de la Frontera. Wenn Sie ihr folgen möchten, sollten Sie sich jedoch vorher einen Plan über den genauen Verlauf besorgen. Denn dort, wo die Route von der jeweiligen Hauptstraße abbiegt, ist das in aller Regel nicht angezeichnet. Wenigstens hat diese Tour einen Vorteil: Sie gehört zu den selbsterklärenden. Sie trägt bereits im Namen, was sie zugänglich machen soll, reizvolle weiße Dörfer.

Etwas anspruchsvoller ist da eine andere Strecke, die *Ruta del Toro* - die Route des Stieres. Gleichfalls mit Schildern ausgezeichnet, führt sie zwischen Jerez de la Frontera und Tarifa an über zwanzig Stierzuchten vorbei. Die sind zwar üblicherweise keineswegs zu besichtigen, aber wenn das Schicksal es will, sind weidende Kampfstiere am Straßenrand zu sehen. Noch anspruchsvoller sind Strecken wie die *Ruta de Ibn al-Jatib,* die *Ruta de al-Idrisi* oder die *Ruta de al-Mutamid.* Sie haben in ihrer Ausgestaltung jeweils etwas mit dem Leben wichtiger Geistesgrößen der islamischen Vergangenheit Andalusiens zu tun. Der richtige Zugang setzt in diesem Fall umfangreiche Lektüre voraus.

Die eben genannten Routen sind, wenn überhaupt, eher spärlich mit Schildern ausgestattet. Sie bilden also einen Übergang zur den unsichtbaren *Rutas turísticas.* Die führen zu *Burgen und Klöstern,* sie verbinden *Meisterwerke Andalusiens Gemälde und Skulpturen* (der eigenwillige Genitiv stammt nicht von mir), erschließen antike Bauwerke, islamische Bauwerke, Renaissancebauwerke – bis hin zur *Architektur des 20. Jahrhunderts.* Allein diese Route gibt es wiederum in drei Varianten, die zu so beachtenswerten Örtlichkeiten führen wie der Mehlfabrik in Alcalá de Guadaira, zur Bierfabrik in Rafael de la Hoz oder zur Matagorda-Werft in Puerto Real. Sie merken es schon: Andalusien kennenzulernen ist eine Herausforderung. Und die Herausforderung anzunehmen heißt auswählen lernen und seine Zeit einteilen.

Man kann sich natürlich auch von allen Zwängen und Vorgaben befreien und es so machen wie der niederländische Autor Cees Nooteboom, der behauptet, er würde in Spanien am liebsten immer wieder Wege ausprobieren, von denen er nicht weiß, wohin sie führen. Als Ergebnis hat er jedenfalls üppig viel Text produziert, auch über Andalusien. Was könnten Sie erleben, wenn Sie dieser Devise folgen? Sie könnten Orte kennenlernen wie Espejo, Zuheros oder Moclín, auf die kaum ein Reiseführer mehr als ein paar Zeilen verwendet, wenn überhaupt. Werfen Sie einen Blick auf die in diesen Städtchen meist unvermeidbare Burgruine. Betrachten Sie in Espejo den achteckigen Hauptplatz und vergleichen Sie ihn später mit dem ebenfalls achteckigen Hauptplatz in Archidona.

Solche Orte haben einen besonderen Reiz. Hier

kann es Ihnen passieren, daß Sie von den Einheimischen mit ähnlicher Verwunderung angesehen werden, wie sie der Anblick der ersten Weißen in Schwarzafrika ausgelöst haben dürfte. Vor allem Kinder vermitteln einem durch ihre respektlosen Zurufe das Gefühl, man sei ein Entdeckungsreisender in fernen Ländern in einer weit zurückliegenden Vergangenheit.

Besonders wunderlich ist für viele Andalusier der Anblick von Fremden, weil ihnen das Konzept der Sehenswürdigkeit nicht immer leicht zugänglich ist. Es ist ihr Lebensschicksal, in Orte hineingeboren zu sein, die uns den Aufwand einer Reise über Tausende von Kilometern wert sind, um sie zu erleben. Ein weiß strahlendes Dorf an einem Berghang ist für seine Einwohner hingegen nicht in erster Linie ein architektonisches Gesamtkunstwerk, sondern eine Ansammlung von Häusern, die die Bewohner manchmal mit großem Stolz als ihre Heimat empfinden. Manchmal hadern sie aber auch damit, daß sie leben müssen, wo sie kaum eine Möglichkeit haben, ihren Lebensunterhalt zu verdienen, und wo ihnen die Abgeschiedenheit von der Welt immer wieder aufs Gemüt schlägt.

Auch die zauberhaften Berge, Hügel und Täler Andalusiens sind für viele, die hier aufgewachsen sind, nicht nur etwas, das sie jeden Tag von neuem entzückt bestaunen. Landschaft ist für sie zugleich ein Hindernis beim Versuch, ein weniger beschwerliches Leben zu führen. Es ist oft ein schwer zugängliches, fast überall

recht trockenes und deshalb – zumindest ohne Nach-
helfen – nicht sehr ertragreiches Stück Erde, welches
das Schicksal den Andalusiern zugedacht hat. Als ich
vor etlichen Jahren per Anhalter unterwegs war, um
die Wüstenregion Cabo de Gata nahe Almería zu erkunden, nahm mich ein Autofahrer mit, der zunächst
recht freundlich schien. Als ich ihm meinen Zielort
nannte, erklärte er mich für verrückt, weil ich mich
freiwillig in diese lebensfeindliche Gegend begeben
wollte.

Dort, wo das Land etwas weniger lebensfeindlich
ist, versuchen die Andalusier, der Erde abzuringen,
was sie können. Der Nationalpark Coto de Doñana
mag eines der wichtigsten Vogelschutzgebiete Europas
sein. Aber ein bißchen Strand werden die Vögel ja
wohl entbehren können, denken die örtlichen Regionalplaner. Wenig bekümmert bauen sie daher das Tou-
ristenzentrum Matalascañas, das den Naturpark vom
Meer abschneidet, so lange aus, bis die Buchungscom-
puter keinen weiteren Nachschub an Touristen liefern
können. Ein anderes Beispiel: In der vielbesuchten
altrömischen Ruinenstätte Itálica bei Sevilla fahren die
Bauern ungerührt ihre Traktoren über die Felder,
keine zehn Meter von Schildern entfernt, die Fußgän-
gern das Betreten eben jenes Landes verbieten, weil
sich darunter mutmaßlich archäologische Schätze befinden. Auch Burgruinen aus den Zeiten der Mauren
und der christlichen Rückeroberung sind für die jungen Männer der Umgegend heute gewöhnlich weniger ein Ort, um romantische Gedichte zu schreiben

als ein geeignetes Gelände, um das Fahren auf ihren Motocross-Motorrädern zu trainieren.

Das, was Touristen aus dem Rest Spaniens und der Welt als Sehenswürdigkeit betrachten, ist für die Einheimischen oftmals etwas, was schon seit Jahrhunderten da herumsteht. Etwas, das vielleicht recht hübsch anzusehen ist, doch sicherlich nichts, wovor man unbedingt einen heiligen Respekt haben muß. Wenn Sie sich das bewußt machen, werden Sie es auch besser verstehen, daß insbesondere in den Gegenden, die weniger oft von Touristen besucht werden, der Begriff *Horarios,* also Öffnungszeiten, relativ entspannt gesehen wird. Die in Australien beheimatete Reiseführer-Reihe »Lonely Planet« schreibt dazu einen Satz, dem kaum etwas hinzuzufügen ist: »Die Öffnungszeiten der Museen, Sehenswürdigkeiten und Fremdenverkehrsbüros in Andalusien ändern sich erschreckend häufig und können an Feiertagen sowie an den Tagen davor schier undurchsichtig sein.«

Die Variationsbreite ist hier in der Tat sehr groß. Im Sommer und im Winter gelten unterschiedliche Öffnungszeiten, wobei der Sommer mal Ostern beginnt oder auch am 1. April oder 15. Mai. Daneben variieren die Zeiten je nach Wochentag, und die Faustregel »montags geschlossen« gilt allenfalls für Monumente und Museen in Staatsbesitz, dort aber auch nicht immer. Besonders flexibel müssen Sie sein, wenn Sie eine der Höhlen mit prähistorischen Malereien besuchen wollen. Hier herrscht oft einfach die Devise: Warten, bis die nächste Führung beginnt. Was zehn

Minuten oder aber eine Stunde dauern kann. Oder auch bis zum nächsten Tag, wenn der Besucherandrang zu groß ist.

Die meist pragmatische, manchmal indifferente Haltung vieler Andalusier zu Landschaft und Monumenten werden Sie noch besser verstehen können, wenn Sie erfahren, wie ausgedehnt die Region wirklich ist. Zwar werden Sie hin und wieder an Schluchten vorbeikommen, die in einigen Abschnitten zu Müllkippen umfunktioniert worden sind. Aber der beherrschende Eindruck, den der Naturliebhaber gewinnt, ist Unberührtheit. Wer Einsamkeit sucht, wird sie finden. Wer am Strand von Torremolinos Todesängste ausgestanden hat angesichts der Menschenmassen, die ihn zu erdrücken drohten, wird seinen Augen nicht trauen, wenn er zum Beispiel bei Chipiona in der Provinz Cádiz ganz, oder doch fast allein, aufs Meer blickt. Wer auf dem Weg zum Pico de Veleta in der Sierra Nevada ständig anderen Bergwanderern ausweichen mußte, wird sein Glück nicht fassen können, wenn er in der Sierra Alhamilla unter dem weiten Himmel den Begriff Einsamkeit neu erfährt.

Aber ich vermute, daß Sie nicht nur für Strände, Gebirge und Gebäude Interesse aufbringen. Sie werden in Andalusien auch ein wenig von den Menschen erfahren wollen. Und wahrscheinlich haben Sie schon eine Idee davon, wen Sie dort treffen werden. Dennoch möchte ich Ihnen einige Anmerkungen aufschreiben zu den Leuten, denen ich dort begegnet bin.

Die ärmlichen Bayern Spaniens
Oder: Sind Andalusier anders?

Die Andalusier gehören zu den Menschengruppen auf der Welt, von deren Volkscharakter alle anderen ganz konkrete Vorstellungen haben. So wie die Bayern als große Biertrinker mit ausgeprägter Folklore und merkwürdiger Aussprache weltweit bekannt sind, muß auch ein Andalusier nicht viel tun, um bei seinem Gegenüber eine Handvoll Assoziationen auszulösen. Das ist eine Tradition, die sich weit zurückverfolgen läßt und bis heute fortdauert. »Ein edles und stolzes Volk« erblickte der amerikanische Schriftsteller Washington Irving im 19. Jahrhundert. Im Berliner *Tagesspiegel* waren noch 1951 so schöne Sätze zu lesen wie: »Daß es dem Südspanier im Gegensatz zum gemessenen Kastilier und zum würdevollen Basken Freude macht, sich zu produzieren, ist schon manchem Reisenden aufgefallen.« Auch ein halbes Jahrhundert später noch fällt es Reiseführerautoren nicht schwer, Formulierungen zu finden wie: »Die Andalusier sind gesellig, unkompliziert und in das Leben verliebt.«

Viele, die genau Bescheid wissen über das Wesen der Südspanier im allgemeinen, liefern gleich Gründe mit, warum die Andalusier so sind, wie sie sind. Der Geograph Fermín Caballero beschäftigte sich im 19. Jahrhundert mit dem Zusammenhang zwischen Klima und Volksseele und kam hinsichtlich Andalusiens zu folgendem Ergebnis: »Die Vielfalt üppiger Erträge und der Einfluß eines wunderbaren Himmels, eines belebenden Lichtes mußten natürlich den Charakter der Bewohner beeinflussen, die ohne Zweifel mehr Vorstellungsvermögen als Arbeitsamkeit besitzen, mehr Phantasie als praktische Begabung, einen größeren Hang zur Poesie und Redekunst als zur schweren körperlichen Arbeit: Ihr Geist sucht stets den verzaubernden Himmel, und ihre Glieder schmachten in der Wärme der Sonne, die sie anfällig macht für Sinnlichkeit und Verweichlichung.«

Gerne zitiert wird auch José Ortega y Gasset, der zu Beginn des 20. Jahrhunderts vor allem die vieltausendjährige Geschichte Andalusiens als Quelle des Volkscharakters sah. Und er glaubte deshalb eine europaweit einzigartige Region zu erkennen, »das bewundernswerte, mysteriöse, das tiefe Andalusien«, das »jenseits der vielfarbigen Farce liegt, die seine Bewohner vor den Augen der Reisenden präsentieren«. Und neben einer in der langen Geschichte gründenden Seelentiefe attestierte er den Andalusiern eine Eigenschaft, die genauso arabischen Völkern nachgesagt wird: einen gewissen Fatalismus. Ortega y Gasset glaubte, im Wesen der Südspanier eine große Passivität zu

finden, ein »vegetatives Ideal«, »wie die Pflanze, eingebettet in die wunderbare Atmosphäre der Landschaft«.

Ortega y Gasset wurde diese Einschätzung als der
übliche sanfte Rassismus der Restspanier gegenüber
ihren südlichen Landsleuten angekreidet. Aber auch
Intellektuelle, die sich solcher Arroganz nicht schuldig
machen mögen, wie Juan Goytisolo, sind nicht vor
der Gefahr gefeit, *die* Andalusier als uniformes, frem-
des Gegenüber zu betrachten. Der Katalane Goytisolo
sah beim Anblick seiner südlichen Landsleute besondere Gesichter: »etwas dunkler – arabisch vielleicht –
grob und elegant zugleich, mit einer Lebhaftigkeit, die
mich stets überraschte«.

Zusammengefaßt läßt sich das Klischee vom Andalusier auf einen Dreiklang reduzieren: Arm, aber im
Grunde glücklich, von einem Empfindungsreichtum,
der manchmal auch seelische Abgründe erahnen läßt.

Wenn man nun herauszufinden versucht, was an
den Klischees dran sein könnte, wird man zunächst
feststellen, daß Andalusien traditionell eine der wirtschaftlich weniger entwickelten Regionen Spaniens
ist. Zwar spülte die Ausbeutung der Kolonien in früheren Jahrhunderten große Reichtümer nach Sevilla
oder Cádiz. Doch dort blieb der Wohlstand erst einmal, die Dörfer und Städte der Umgegend oder gar in
den weiter entfernten Bergregionen hatten vom la-
teinamerikanischen Gold und Silber wenig bis gar
nichts.

Dieser Unterschied zwischen urbanen Zentren und

der Peripherie prägt auch heute noch Andalusien stärker als viele andere Regionen Europas. Die großen Städte bemühen sich redlich, sich ein Gepräge zu geben, das man von Siedlungsschwerpunkten in der Europäischen Union des 21. Jahrhunderts erwarten kann. Hier paßt sich das Leben sukzessive dem internationalen Bürorhythmus an. Mülltrennung gilt nicht mehr als nordeuropäische Schrulle. Und in Málaga stehen die Bürger so diszipliniert Schlange an den Bushaltestellen, als ob sie Komparsen in einem Film über Großbritannien wären.

So unterscheidet sich das Leben eines in Sevilla geborenen und arbeitenden Bankangestellten nicht wesentlich vom Dasein eines Bankangestellten aus München. Sie leben beide im tiefen Süden ihres Landes, ihnen werden deshalb gewisse Eigenarten nachgesagt, was Temperament und Artikulation angeht. Der eine muß im Sommer etwas mehr Hitze ertragen und trinkt dann abends Rotwein mit Zitronensprudel versetzt, einen *tinto de verano,* während der andere vor seiner *Radlermaß* aus Bier und Zitronensprudel sitzt. Der eine begibt sich zum Skifahren in die Sierra Nevada und der andere in die Alpen. Ansonsten überlegen beide, wie sie ihr Einkommen durch geschickte Aktienkäufe verbessern können, und ob es nicht Zeit wird, den Wagen aus dem Volkswagenkonzern – beim einen ein Exemplar der Marke Seat, beim anderen ein Exemplar der Marke Audi – durch ein etwas prestigereicheres Modell zu ersetzen.

Das Leben eines, sagen wir 32jährigen Ladenbesitzers in Cazorla, Provinz Jaén, 9000 Einwohner, unterscheidet sich hingegen durchaus noch spürbar von dem eines gleichaltrigen Kollegen zum Beispiel in Rosenheim. Auch sie haben einiges gemein: die Heimat im Süden ihres Landes, den mittelgroßen Wohnort am Fuße einer Bergkette, den bereits erwähnten Dialekteinschlag. Handel gehört in beiden Familien zur Tradition, auch wenn die Rosenheimer ihren Tante-Emma-Laden schon vor zwei Generationen aufgegeben haben. Zwischenzeitlich verdingte sich der Ernährer der Familie als Industriearbeiter, später war er Versicherungsvertreter. Erst der Enkel ist wieder in die Handelsbranche eingestiegen, er verkauft Mobiltelefone. Ob sich das auf lange Frist lohnt, wird sich erst erweisen. Aber er fährt schon einmal ein rotes Sportkabriolett, um zu zeigen, daß er der Erfolgsmensch ist, an den sich die Zeitschriften richten, die er liest. Mit seiner derzeitigen Freundin lebt er in einer schicken Dreizimmerwohnung mit Bergblick. Am Wochenende sieht er seine dreijährige Tochter, die bei seiner geschiedenen Frau lebt. Darüber hinaus hat er zum weiteren Kreis seiner Familie kaum Kontakt.

Der Ladenbesitzer in Cazorla kann sich immer noch recht gut über Wasser halten mit seinem Gemischtwarenhandel auf fünfzig Quadratmetern, wo geräucherte Schinken von der Decke hängen und Puppenkleidchen an der Eingangstür. Er wohnt bei seinen Eltern, weil das nichts kostet und weil die Eltern auch kein Verständnis dafür hätten, wenn der Sohn, dem sie noch ab und zu im Laden helfen, plötzlich ausziehen wollte. Es gibt ja genug Platz, zumal seine Schwester bereits vor fünf Jahren die Wohnung verlassen hat, um eine Familie zu gründen. Heute ist sie Mitte Zwanzig und hat zwei Kinder. Sie erinnert sich kaum noch an die kurzen Momente, in denen sie als Siebzehnjährige ein autonomes Leben führen wollte, ohne Mann, der glaubt, sie beschützen zu müssen. Am Ende ist sie doch in den Beruf der *mamá* als Hauptbeschäftigung hineingeschlittert.

Die Hochzeit, das wäre wohl der späteste Zeitpunkt auch für unseren Ladenbesitzer aus Cazorla, um die elterliche Wohnung zu verlassen. Die Zeremonie wird selbstverständlich katholisch sein, auch wenn er sonst nicht mehr gerade oft in die Kirche geht. Die Gelegenheiten, eine künftige Frau kennenzulernen, sind aus seiner Sicht leider etwas dünn gesät. Wenn er ausgeht, dann meist mit seinen männlichen Freunden. Die pflegen teilweise nach wie vor die alten Jugendrituale und pfeifen den blonden Touristinnen hinterher, werfen ihnen Kußmündchen zu. Unser Ladenbesitzer fühlt sich dabei nicht mehr so richtig wohl.

Etwas fehl am Platz fühlt er sich auch zuweilen, wenn er mit der ganzen Familie ein Fest besucht. Vor allem bei den Ausflügen, bei denen die Großmutter mit von der Partie ist, die, wie es sich für eine Witwe gehört, seit Jahren ausschließlich Schwarz trägt. Manchmal hat der junge Ladenbesitzer aus Cazorla das Gefühl, daß das nicht mehr die Welt von heute ist, in der seine *abuelita* lebt. Und dann fragt er sich, ob er denn selbst in der Gegenwart angekommen ist.

Ob der andalusische Ladenbesitzer fröhlicher und gesprächiger ist als sein Gegenpart in Rosenheim, das wird man im Einzelfall untersuchen müssen. Man mag es als Herzlichkeit auslegen, daß er seine Freundinnen und weiblichen Verwandten mit Küßchen auf die Wangen begrüßt, seinen männlichen Freunden klopft er auf den Rücken. Als Indiz für eine menschliche Wärme, die es nur unter Südländern gibt, kann das heute wohl nicht mehr gelten. Auch der Ladenbesitzer aus Rosenheim pflegt längst ähnliche Begrüßungsrituale, zumindest wenn er Bekannte aus München trifft.

Wenn man jedenfalls nach einer wie auch immer gearteten Begrüßung mit dem Ladeninhaber aus dem andalusischen Cazorla ins Gespräch kommt, könnte es sein, daß er von Onkel José und Tante Encarnación erzählt, die kurz nach seiner Geburt nach Düsseldorf ausgewandert sind. Möglicherweise berichtet er auch von seinen Cousins, die in Barcelona und Madrid leben, weil ihnen Cazorla nichts zu bieten hatte. Die kommen jetzt hin und wieder in den Ferien in die alte Heimat, die so wunderschön gelegen ist am Fuß der Berge. Dann fragt er sich wieder, ob er nicht ein wenig dumm ist, weil er hier bleibt, zwischen den geräucherten Schinken und den Barbiepuppen im Flamenco-Look. Ganz so weit weg wie die Verwandtschaft will er nicht, aber vielleicht sollte er es so machen wie viele seiner Freunde, und sein Glück in den Touristenorten an der Costa del Sol versuchen. Die ist nicht weit entfernt, und als selbständiger Ladenbesitzer oder Angestellter in der Gastronomie wird man ja genauso sein Auskommen finden, geht ihm manchmal durch den Kopf.

Wenn eine Allgemeinaussage über Andalusien heute noch stimmt, dann ist es diese: Die Lebenswirklichkeiten in Stadt und Land klaffen deutlich stärker auseinander als in anderen Teilen Europas, die der Mahlstrom der Modernisierung schon fest im Griff hat. Wobei unser Ladenbesitzer in Cazorla sogar in einer Art Oberzentrum lebt, auch wenn ein Ausflug in die nächste Universitätsstadt eine Tagesreise bedeutet. Im Vergleich zu den Menschen der Bergdörfer mit zwei- oder dreihundert Seelen oder gar im Vergleich zu den Anwohnern der Tausenden von Einzelgehöften, der *cortijos*, wohnt der Ladenbesitzer aus Cazorla in einer pulsierenden Metropole. Er kann – wenn ihm danach zumute ist – der andalusischen Sitte frönen und um Mitternacht losziehen, um noch ein paar Gläschen in der Bar zu trinken. In den Käffern des Umlands werden die Bürgersteige um halb zehn hochgeklappt und die ein oder zwei Bars am Ort machen dicht. Südspanisches Lebensgefühl hin oder her.

Die Zerstückelung in abgelegene kleine und kleinste Wohngebiete auf der einen und große Ballungszentren auf der anderen Seite hat nicht zuletzt ihren Grund in unabänderlichen Naturgegebenheiten: Das Land ist weit und bergig, ich werde Sie auf diesen Sachverhalt immer wieder hinweisen, er ist wirklich wesensprägend für Andalusien. Und weil sich in dieser großen und teilweise schwer erschließbaren Landschaft alles etwas langsamer bewegt, ist auch das, was man allgemein unter Modernisierung versteht, bislang nicht in alle Winkel Andalusiens vorgedrungen. Nicht, daß die Menschen sich der Modernisierung verschlossen hätten. Sie kam einfach nie so recht an. Einen ebenso gewichtigen, aber sozialen Grund für die Rückständigkeit, die ungleiche Verteilung des Wohlstands, versuchten Politiker immer wieder einmal anzugehen. Doch die Umverteilungen, die zum Beispiel mit Bodenreformen verbunden waren, reichten nie allzu weit.

Nicht selten haben viele Andalusier gegen ihr Los aufbegehrt. Es gab Arbeiteraufstände und wilde Streiks, wie sie auch in anderen Teilen der Welt eine Zeitlang üblich waren. Daneben begünstigte die Teilung in Zentren und Peripherie eine soziale Bewegung, die heute den Besitzern einiger Privatmuseen das Auskommen sichert. Im 19. Jahrhundert flackerte das Phänomen der *bandoleros* auf, die sich gegen die Gesellschaft stellten, die ihnen nichts zu bieten hatte. Lieber führten sie ein Räuberleben in den Bergen. Davon sind allerdings nur einige romantisierende Erinnerungen übriggeblieben.

Als der gewaltsame Widerstand endgültig nicht mehr das Mittel der Wahl schien, beschränkte sich der Kampf gegen soziale Verwerfungen auf das Verhalten bei Wahlen. Auf die mußten die Andalusier, wie alle Spanier, allerdings lange Zeit verzichten. Nach dem Sturz der Franco-Diktatur dann konnten die Parteien links von der Mitte bis zu zwei Drittel der Stimmen auf sich vereinigen – und damit ihre spanienweit besten Ergebnisse erzielen. Noch bei den Wahlen 1993 war die kommunistisch geführte Vereinte Linke *Izquierda Unida* in etlichen Wahlkreisen der Region Córdoba stärkste Kraft – vor den Sozialisten und weit vor den Bürgerlichen. Julio Anguita, ein charismatischer Kommunist, war lange Jahre nicht nur Bürgermeister der Stadt Córdoba, sondern auch einer der beliebtesten Politiker Spaniens.

Aber wie in vielen einst revolutionären Brutstätten arrangierten sich selbst im roten Andalusien die Kämpfer für soziale Gerechtigkeit zusehends mit der Marktwirtschaft. Die Landbevölkerung verliert den klassenkämpferischen Impetus, für den Südspanien einst bekannt war. Dank massiver Unterstützungsprogramme aus Madrid und Brüssel ist der Drang nach dem letzten Gefecht, das die Internationale besingt, nicht mehr so groß wie ehedem. Die Region hat einen beachtlichen Wohlstand entwickelt, auch wenn bei weitem nicht alle Versprechungen wahr geworden sind. Dazu gehört zum Beispiel die zeitweise ausgegebene kühne Parole, Andalusien solle sich in ein Technologiezentrum verwandeln, in das »Kalifornien Europas«. Es ist lediglich bei den alten Gemeinsamkeiten geblieben: beide Regionen sind von spanischen Ortsnamen geprägt, in Kalifornien werden sie durch englische Elemente ergänzt, in Andalusien durch arabische. Beide erfreuen sich eines ähnlichen Klimas, beide Landstriche können früh im Jahr Erdbeeren liefern und verfügen über ansehnliche Weingüter. Die jeweiligen Küsten sind sehr beliebt bei Wellen- wie bei Windsurfern. Damit enden die Parallelen bereits. Ein *valle de la silicona*, in dem andalusische Computerexperten die Techniken der Zukunft entwickeln, existiert nicht einmal auf dem Reißbrett.

Statt High-Tech-Fachleuten leben in den Dörfern rund um Huelva, Córdoba und Almería viele Tagelöhner, die ihr karges Auskommen in Olivenpflanzungen oder Zucchini-Gewächshäusern verdienen. Arbeitslosengeld ist in den ländlichen Gegenden Andalusiens für deutlich mehr Menschen die Haupteinkommensquelle als in vielen anderen Teilen Spaniens und Europas. Deshalb sollten Sie sich beim Gespräch über das Arbeitsleben mit persönlichen Fragen zurückhalten. Es könnte sein, daß Ihr Gegenüber nicht eben stolz auf seinen beruflichen Status ist.

Und Sie werden für europäische Verhältnisse auf besonders viele Menschen stoßen, die sich gezwungen sehen, Betteln und Schnorren zum Beruf zu machen. Da kann es schon passieren, daß ein junger Mann, der so aussieht, als ob er nicht mehr viel vom Leben erwartet, so lange neben Ihrem Korbstuhl im Straßencafé ausharrt, bis Sie ihm die Anzahl Münzen gegeben haben, die er für richtig hält. Oder er bleibt zumindest so lange stehen, bis ihn der Wirt vertreibt.

Fünf Minuten später könnte dann eine mindestens hundertjährige Frau an Ihrem Tisch stehen. Sie ist in zerschlissenen schwarzen Stoff gehüllt, ihr Rücken hat unter der Last der Jahre die Form eines Fragezeichens angenommen, wortlos nimmt sie ein *panecillo* aus dem

Brotkorb und führt es zu ihrem fast zahnlosen Mund. Wenn Sie sich schließlich zu einem Bummel durch die Altstadt aufmachen, kann es sein, daß ein Blockflötist versucht, Ihnen mit wilden Tanzbewegungen solange den Weg zu versperren, bis Sie eine Spende für die Kunst aus der Tasche kramen. Alle diese Leute wissen, daß jeder Nord- und Mitteleuropäer, der sich eine Reise nach Andalusien leistet, ein paar Münzen entbehren kann. Sie müssen sich überlegen, ob Sie sie entbehren wollen und wie viele.

Neben diesen Menschen, die sich einigermaßen an die sozial akzeptierten Grenzen des Bittens um Almosen halten, gibt es eine nicht geringe Zahl von Kleinkriminellen. Solche, die mit großem Geschick Ihre Brieftasche zu entwenden suchen, und solche die ihren Bettelsprüchen mit einem kurz aufblitzenden Messer etwas Nachdruck verleihen. Ich möchte nicht den Eindruck vermitteln, als ob Andalusien eine gefährliche Gegend sei. Aber eine mit sozialen Problemen.

Auch auf die Präsenz von Drogenhändlern sollten Sie gefaßt sein, zumindest jüngere Leute werden hin und wieder angesprochen. Es geht gewöhnlich um eher weiche Drogen, es wird einem *¿chocolate?* zugeraunt, was nichts mit Süßwaren zu tun hat, sondern mit dem anderen oft zu hörenden Angebot: *¿hachís?* Die spanischen Behörden bemühen sich, der gigantischen Mengen von Haschisch, Kokain oder Heroin Herr zu werden, die unablässig von Nordafrika eingeschmuggelt werden. Damit sind die Kräfte der Drogeneinheiten der Polizei aber weitgehend gebunden. Kleine Dealer können deswegen recht unbehelligt arbeiten, der Konsum von Drogen und der Besitz geringer Mengen werden geduldet.

In den großen Themenkreis soziale Probleme gehört ferner eine Bevölkerungsgruppe, die Ihnen wahrscheinlich in Form von berückend selbstbewußten Damen begegnen wird, die im Umkreis einer Touristenattraktion Rosmarinzweige und Nelken anbieten, dazu einen Blick in die Hand (und damit in die Zukunft) oder einen Privatsegen für das ungeborene Kind. Sie wollten kein Geld, beteuern die unbeschreiblich präsenten Zigeunerinnen stets. Aber seien Sie versichert: Keine dieser Frauen wird von der staatlichen Tourismusbehörde bezahlt. Und reich geerbt haben sie gewiß nicht.

Wenn Sie sich einen Moment mit den Damen unterhalten wollen, können Sie die damit verbundenen Ausgaben als Eintrittsgeld ansehen, um für einen Augenblick mit einer Volksgruppe in Kontakt zu kommen, die sehr wichtig für Andalusien ist, aber nach wie vor ein isoliertes Leben führt: die *gitanos*. Während in Deutschland das sprachliche Äquivalent »Zigeuner« einen diskriminierenden Beiklang hat, ist das Adjektiv *gitano* (also: zigeunerisch) in Südspanien vielfach eine Steigerung für »andalusisch«. Besonders dankbar ist man den *gitanos* dafür, daß sie ganz wesentlich für die Entstehung und Pflege der Volkskunst des Flamenco verantwortlich sind.

Im Alltag jenseits von Flamenco-Abenden ist es mit

der Anerkennung jedoch bald vorbei. Die meisten Spanier sehen *gitanos* als bedrohlich oder lästig an. Die *payos,* also die Weißen, grenzen die *gitanos* aus, in Reaktion darauf grenzen sich die *gitanos* ab. Auch nach vielen Jahrhunderten gemeinsamer Geschichte trennt eine Kluft *gitanos* und *payos,* die man nicht unterschätzen sollte. Ein Dialog, den Federico García Lorca schon vor einem Menschenalter aufgeschrieben hat, zeigt anschaulich eine typische Nichtkommunikation zwischen *payo* und *gitano :*

Oberstleutnant: »Ich bin der Oberstleutnant der Guardia Civil«

Gitano: »Ja.«

Oberstleutnant: »Wer bist du?«

Gitano: »Ein gitano.«

Oberstleutnant: »Und was ist ein gitano?«

Gitano: »Irgend etwas.«

Oberstleutnant: »Wie heißt Du?«

Gitano: »So.«

Oberstleutnant: »Was sagst Du?«

Gitano: »Gitano.«

Der spanischen *payo*-Journalistin Maruja Torres ist es eine Zeitlang gelungen, sich unter *gitanos* zu mischen. Dabei wurde ihr eines nur klarer über die Ausgrenzung dieser Volksgruppe: »Es ist einfach eine Schranke, die man nicht durchbrechen kann, nicht einmal, wenn man sich bis zur Erschöpfung anstrengt.« Die Schranke zu uns Fremden ist besonders hoch, denn definitiv *payo* aus der Perspektive eines *gitano* ist der Tourist. Sie und ich werden der Lebenswirklichkeit dieser Menschen immer so fern bleiben, daß wir uns nicht einzubilden brauchen, wir könnten an ihrer Perspektive der Welt teilhaben. Die meisten *gitanos* wären auch schon zufrieden, wenn man ihnen begegnete wie jedem anderen Bewohner Andalusiens auch.

Viele *gitanos* haben eine recht abgeklärte Einstellung zu ihrer Rolle als latent bedrohliches Faszinosum und als Touristenattraktion. In Granada beispielsweise ist das traditionell von *gitanos* bewohnte Viertel Sacromonte inzwischen hervorragend auf Besucher aus Mülheim, Boston und Okinawa eingerichtet. Das einstige Elendsviertel ist herausgeputzt und bedient die Träume von Zigeunerromantik. Die einstmals ärmlichen Höhlen sind in schicke Restaurants umgewandelt, die *tablaos,* die Flamenco-Lokale, geben zweimal täglich Vorstellungen.

Warum sich nicht bei einem Spaziergang durch den Sacromonte den Träumen vom lustigen Zigeunerleben hingeben? Daß ich den Traum für einen durchaus geeigneten Weg halte, sich Andalusien zu nähern, habe ich bereits gesagt. Aber weil ich in einem gewissen Umfang auch ein aufklärerisches Anliegen habe, empfehle ich Ihnen, neben dem Traum vom *gitano*-Leben dessen Realität nicht völlig aus den Augen zu verlieren. Und zu einem anderen Traum, dem vom morgenländischen Andalusien, fällt mir noch etwas mehr ein.

Orient in Europa?

Anmerkungen zu Besonderheiten in der Geschichte Andalusiens

*E*in Klassiker unter den Kurzcharakterisierungen Spaniens lautet: »Jenseits der Pyrenäen beginnt Afrika.« Gemeint sei eigentlich, Afrika beginne am Despeñaperros-Paß, der Kastilien von Andalusien trennt, meinen dazu andalusische Lokalpatrioten. Die wissen genau, daß der Satz vom afrikanischen Spanien, den besonders gerne die französischen Nachbarn im Munde führten, einst blanken Rassismus ausdrückte. Doch der moderne andalusische Lokalpatriot wendet die Beschimpfung in eine Ehrung und verweist stolz auf die kulturellen Errungenschaften, welche die islamische Welt zumindest im Mittelalter vom christlichen Europa abhoben, zu der Zeit, als Andalusien politisch tatsächlich zu Nordafrika gehörte. Diese Epoche liegt aber einiges zurück, so daß jedes Urteil darüber einen deutlich subjektiven Gehalt hat. Die Frage, wie afrikanisch, arabisch, islamisch Andalusien denn nun sei, bietet deshalb immer wieder Stoff für Debatten unter Historikern und für Zeitungskolumnen.

Geographisch ist die Sachlage eindeutig: Córdoba und Sevilla sind dem Maghreb wesentlich näher als Mitteleuropa. Gerade einmal fünfzehn Kilometer trennen die marokkanische Küste vom südlichsten Zipfel des andalusischen Festlandes. Die Nähe zu Afrika ist ohne Zweifel für vieles verantwortlich, was den Charakter Andalusiens ausmacht. Südspanien hat von allen Regionen der Europäischen Union die engsten historischen Bande zur islamischen Welt. Schließlich liegt beträchtlich viel Zeit zwischen dem Jahr 711, in dem die Araber und Nordafrikaner ihren Siegeszug über die Straße von Gibraltar starteten, und dem Jahr 1492, als der letzte islamische Herrscher Granada verlassen mußte. Kaum ein Ort ohne eine Maurenburg, den *Alcázar,* kaum ein großer Fluß, der nicht die arabische Vorsilbe *Guada-* im Namen trägt: Guadalquivir, Guadaira, Guadalete, Guadalhorce und so weiter.

Al-Andalus, das Land, aus dem Vandalen kommen, so nannten die Nordafrikaner Südspanien, das sie jahrhundertelang besiedeln sollten. Und dieses *Al-Andalus* gilt heute zahlreichen Reisenden und auch Einheimischen als verlorenes Paradies, in dem alles irgendwie besser und schöner gewesen sein muß als heute. Es läßt sich nicht bestreiten: Die Palastanlagen der Alhambra und ihre Gärten verdienen sicherlich das Adjektiv paradiesisch. Die frühere Moschee und heutige Kathedrale in Córdoba ist zweifelsohne eines der zauberhaftesten Bauwerke, die Menschen je geschaffen haben. *Al-Andalus* als bessere Vergangenheit des heutigen *Andalucía* – auch eine Stiftung, in der sich unter anderem

Regional- und Zentralregierung, Unesco und Europäische Kommission zusammengetan haben, nährt diese Idee in Propagandakampagnen. Immer wieder sind Aufkleber und Plakate mit der in eine Arabeske eingebetteten Aufforderung *El legado andalusí – Eres parte del legado. ¡Vívelo!* zu sehen. Was in etwa heißt: »Das *andalusí*-Vermächtnis – Du bist ein Teil des Vermächtnisses. Lebe es!«

Besonders reizvoll ist der Gedanke an ein verlorenes Paradies, wenn die Rückgewinnung dieses verheißungsvollen Zustands möglich scheint. Folgerichtig verdichten sich von Tag zu Tag die Gerüchte über ein Wiederaufkeimen des Islam in Andalusien. Jede Zeitung und jede Zeitschrift, die sich darum bemüht, findet einen einstmals katholischen Spanier, der zum Glauben an Allah konvertiert ist, als Gewährsmann dafür, daß die Kultur Nordafrikas in Südspanien wieder Raum gewinnt. Die beachtliche Zahl von arabisch gestylten Teeläden in Granada gilt manchem Schwarmgeist als weiteres Indiz dafür, daß Al-Andalus wieder zurückkehrt.

Mir erschienen diese Deutungen einiger gesellschaftlicher Phänomene in Andalusien eine Zeitlang recht plausibel. Heute, nach längerem Nachdenken, frage ich mich, warum eigentlich kaum jemand behauptet, daß der Islam Deutschland überrollt, weil hier nicht selten Christinnen ihren türkischen Ehemännern zuliebe zum Glauben Mohammeds konvertieren. Ich bin sicher, daß die Zahl dieser Neu-Mosleminnen größer ist als die Zahl der andalusischen Islam-Konvertiten. Und ich frage mich, ob die pseudo-arabischen Läden und *teterías* in Sichtweite der Maurenburg Alhambra nicht einfach bessere Umsätze machen, wenn sie die Sehnsüchte der Gäste befriedigen und sich in ein morgenländisches Flair hüllen.

Auch über die geschichtlichen Wahrheiten bin ich mir nicht mehr ganz so sicher und würde nicht alles für bare Münze nehmen, was Romane fabulieren, oder was Reiseführer, gedruckte wie auch solche aus Fleisch und Blut über den herausragenden Stand von Wissenschaft, Kunst und Technik in Al-Andalus erzählen. Die gerne wiederholten Berichte über die Toleranz der moslemischen Herrscher gegenüber Juden und Christen sollte man wohl ebenfalls mit einem Schuß Nüchternheit betrachten, sofern man nicht ausschließlich dem Traum, sondern auch der Realität die Ehre geben will.

Denn über diesen Berichten sollten Sie nicht vergessen, daß in Andalusien schon einige Jahrtausende Kulturgeschichte geschrieben wurde, als die ersten Moslems dort landeten. Baetica war einer der wichtigen Teile des Imperium Romanum. Die römischen Kaiser Trajan und Hadrian waren ebenso gebürtige Andalusier wie der Philosoph Seneca.

Es gibt ernst zu nehmende Wissenschaftler, die zum Beispiel die architektonischen Meisterleistungen des Al-Andalus, wie wir sie in der Alhambra oder der Mezquita von Córdoba bewundern, nicht als Verdienst der Neuankömmlinge aus Nordafrika sehen. Vielmehr bestaunen wir dort die Werke derjenigen, die in Südspanien schon immer lebten – einige Jahrhunderte lang eben unter einer Obrigkeit, die Allah anbetete und nicht den dreieinigen Christengott, meint zumindest der Geschichtsprofessor Claudio Sánchez-Albornoz. Und er fährt fort: »Es ist belegt, daß die spanisch-arabische Kunst alte andalusische Traditionen fortführt, sogar der Hufeisen-Bogen und die Techniken der Stuckverzierungen sind vorislamisch. Es waren die zum Islam konvertierten Spanier, die die spanisch-arabische Zivilisation erschaffen haben.«

Auch über die Dauer der islamischen Episode in Andalusiens Geschichte gibt es Mißverständnisse. Knapp achthundert Jahre hätten Moslems in Andalusien regiert, so wird immer wieder kolportiert. Richtig ist, daß Granada erst 1492 wieder christlich wurde, 781 Jahre nach dem arabischen Einfall in Andalusien. Richtig ist aber auch, daß in Sevilla, Cádiz oder Jaén die islamische Geschichtsepoche schon Mitte des 13. Jahrhunderts endete – also rund 250 Jahre früher als in Granada. In diesen Gegenden kann deshalb nicht von achthundert Jahren islamischer Geschichte die Rede sein, sondern eher von fünfhundert Jahren.

Nicht weniger gängig ist die Ansicht, das moslemische Al-Andalus sei ein mehr oder minder einheitlicher Herrschaftsbereich gewesen, über den eine Art Pax Islamica gebreitet war. Allein die vielen Herrschergeschlechter, die der Reisende sich merken muß, beweisen, daß es wohl etwas vielschichtiger zuging. Neben den Omaijaden gab es Almohaden, Almoraviden und Nasriden, um nur die wichtigsten zu nennen. Für uns Ausländer wird die Sache allerdings etwas unübersichtlicher, als sie in Wirklichkeit war. Denn wir müssen uns damit zurechtfinden, daß die Spanier von Omeyas oder Nazaríes sprechen und nicht von Omaijaden und Nasriden. Und wir müssen erkennen, daß in unserer und der spanischen Literatur stets die gleiche Person gemeint ist, wenn wir Namen lesen, die zunächst unterschiedlich aussehen: »Abd ar-Rahman«, »Abd al Rahmán« oder schließlich »Abderrahman«.

Zurück zu meinem Argument. Ich erhebe beim Blick auf die andalusische Geschichte nicht den Anspruch, so umfassende Kenntnisse zu haben, daß ich mir irgendein Urteil erlauben könnte. Doch nach allem, was in den einschlägigen Werken zu lesen ist, waren schon die moslemischen Invasionstruppen keine einheitliche Friedensarmee, sondern ein bunter Haufen, zusammengewürfelt aus den verschiedensten Landsmannschaften; von Arabern aus dem heutigen Syrien bis hin zu Berbern aus dem heutigen Marokko, die erst kurz vorher ihre eigenen Religionen gegen den Islam eingetauscht hatten.

Und nachdem die Eroberung abgeschlossen war, blieb das islamische Al-Andalus politisch ähnlich zersplittert wie es der Balkan heute ist. Kriege und Intrigen waren nördlich und südlich des Guadalquivir treue Begleiter der Macht, so wie sie es überall auf der Welt zu allen Zeiten gewesen sind. Anschaulich beschreibt der andalusische Schriftsteller Antonio Muñoz Molina islamische Regierungskunst in Córdoba:

»Vom ersten Tag seiner Herrschaft an, schon unmittelbar nach dem Sieg, konnte Abd al Rahmán nicht einmal denjenigen trauen, die ihn mit Waffen unterstützten. Denn die Jemeniten, denen er verboten hatte, Córdoba zu plündern und sich der Schätze und Frauen des besiegten Yusuf al-Fihrí zu bemächtigen, planten sofort einen Hinterhalt, um ihn zu ermorden. Und nur indem er zu Terror und Massenhinrichtungen griff, konnte er sie unterwerfen.«

Im Gegensatz dazu erscheint der amerikanische Schriftsteller Washington Irving ganz dem Bann der maurischen Architektur erlegen, als er im 19. Jahrhundert in der Alhambra einzig einen »Geist und Seele ergötzenden Feenpalast maurischer Könige« sah. Die Mauern der Palastburgen in Córdoba oder Granada waren nicht nur gegen Angreifer von außerhalb gerichtet, sondern auch gegen eventuelle Aufstände des eigenen Volkes, wie Muñoz Molina dazu anmerkt. Und solche Erhebungen waren keine Seltenheit. Die Ruinen von Medinat al-Zahra bei Córdoba zeigen, daß es nicht erst der christlichen Reconquista bedurfte, um maurische Moscheen und Paläste zu zerstören. Das erledigten die islamischen Glaubensbrüder genauso gut untereinander.

Viel beschworen wird auch die legendäre Toleranz, die maurische Machthaber gegenüber ihren christlichen und jüdischen Untertanen hätten walten lassen. Tatsache ist, daß der Druck der moslemischen Regenten subtiler gewesen sein mag als die Mittel der christlichen Inquisition. Statt Häretiker zu verbrennen, zwangen die islamischen Herrscher ihnen so hohe Steuern auf, daß nicht wenige bald den richtigen Glauben pflegten. Der Geschichtswissenschaftler Serafín Fanjul kommt zu dem Ergebnis: »Das Panorama von ausgesuchter Toleranz, Zusammenarbeit und überschwenglicher Freundschaft zwischen den Volksgruppen zerbricht, sobald wir beginnen, die Originaltexte zu lesen, und vor unseren Augen entsteht ein System von untereinander isolierten Gruppen, von oberflächlichen Kontakten und ständigem Argwohn von den frühesten Anfängen an. Das heißt, ein Herrschaftssystem, das eher der südafrikanischen Apartheid ähnelt als einem idyllischen Arkadien.«

Der Universitätsprofessor Sánchez-Albornoz ergänzt, die Städte des moslemischen Al-Andalus hätten wohl kaum als Touristenattraktion getaugt: »Ein bezauberndes Bild war das Córdoba der Kalifen vor tausend Jahren. Doch wer sich mit einem magischen Zeitsprung der Stadt nähern könnte, würde die Zinnen seiner Mauern gekrönt finden mit den Schädeln der Christen aus dem Norden und der andalusischen Rebellen.«

Historiker wie Sánchez-Albornoz zu zitieren, ist aber nicht ganz unverfänglich. Denn die Frage, wie die islamische Vergangenheit Andalusiens einzuordnen sei, spaltet Spaniens Intellektuelle in zwei sich heftig befehdende Lager. Das eine stellt alle positiven Seiten der islamischen Epoche heraus, um zu zeigen, was für eine wunderbare Kultur das christliche Spanien zerstört hat. Nur logisch sei es da, daß seine

Katholischen Könige und ihre Nachfolger auch in Lateinamerika wüteten, auf eigenem Boden Tausende von Glaubensabweichlern grausam verfolgten und sich das Land selbst in der jüngeren Vergangenheit eine der langlebigsten Diktaturen Europas leistete. Besser als das christliche Spanien war Al-Andalus, und wer nicht von dessen Wiedererstehen träumt, ist ein Faschist – so die kurzgefaßte Argumentationskette. Das andere Lager hält hingegen alle Al-Andalus-Romantiker für nützliche Idioten des modernen islamischen Radikalismus. Die Argumentationslinie lautet hier vereinfacht: Wer die islamische Vergangenheit Andalusiens in rosigen Farben zeichnet, unterstützt indirekt die Khomeinis, Ghaddafis und Taliban der Gegenwart.

Ich möchte mich aus diesen Grabenkämpfen heraushalten, doch einen Rat getraue ich mich Ihnen mit auf den Weg zu geben: Wenn Sie Andalusien heute betrachten, müssen Sie davon ausgehen, daß es eher selten ein Ort gewesen ist, an dem sich die Geschichte von ihrer paradiesischen Seite gezeigt hat. Nicht nur die Eroberungszüge von Phöniziern, Römern, Westgoten, Arabern und schließlich die erneute Eroberung durch christliche Könige prägten die Region über Jahrhunderte. Nach dem Abschluß der Reconquista räumten die siegreichen Katholischen Könige erst einmal auf mit allem, was andersartig war. Man muß nicht so weit gehen wie Alfred Andersch, der die christlichen Herrscher in Andalusien als »entmenschte Blutsäufer, Liebhaber von verbrennendem Fleisch«

bezeichnete. Aber ganz in die falsche Richtung zeigt er damit wohl nicht. Auch noch im 20. Jahrhundert wurden einige der gewalttätigsten Kapitel spanischer Geschichte in Andalusien geschrieben. Die Truppen des General Franco, die zunächst auf den Kanarischen Inseln und in Marokko gegen die linksgerichtete Madrider Republik rebellierten, begannen ihren Bürgerkrieg mit einer Landung auf dem andalusischen Festland. Die Gefechte mit den Verteidigern der Republik zerrissen Andalusien über die gesamte Dauer des Krieges bis 1939. Aber das hat mit dem arabischen Erbe Andalusiens kaum etwas zu tun.

Es liegt mir fern, Ihnen die Freude an den architektonischen Meisterleistungen aus der Vergangenheit Andalusiens zu trüben. Ich möchte Ihnen lediglich ein paar Anregungen geben, historisch einzuordnen, was Sie da sehen. Vorher müssen Sie allerdings erst einmal zu den *Alcazabas*, *Alcázares* und *Mezquitas* gelangen. Und das ist nicht immer einfach, wie Sie im nächsten Kapitel feststellen werden.

Zwischen Autovía und Eselsrücken
In Andalusien unterwegs

Ein Kapitel über Fortbewegung gliedert sich in unserem mobilen technischen Zeitalter natürlicherweise in zwei Teile: in einen über öffentliche Verkehrsmittel und in einen über das Auto. Im Falle Andalusiens kann ich mich bei ersterem relativ kurz fassen, um so weiter muß ich für letzteren ausholen.

Das Eisenbahnnetz Andalusiens hat eine eigenwillige Struktur. Es ist offensichtlich nicht mit dem Anspruch entworfen worden, die Region durchgängig zu erschließen. So liegen beliebte Küstenorte wie Nerja oder Almuñécar gute fünfzig bis siebzig Kilometer vom nächsten Bahnhof entfernt. Der Trassenbau erfordert rund um die Gipfel der Sierra Nevada und der Sierra Morena so ungeheure Kraftanstrengungen, daß die Verkehrsplaner froh waren, wenn es ihnen gelang, wenigstens die großen Zentren miteinander zu verbinden.

Wobei die Tatsache, daß ein Bahnhof den Namen einer Stadt trägt, keine Gewähr dafür bietet, daß diese sich dem erwartungsvollen Reisenden zumindest auch nur in Sichtweite präsentiert, sobald er auf den Bahnhofsvorplatz tritt. Nehmen wir an, Sie wollten von Ronda nach Antequera fahren, versäumen es aber, an ihrem Zielbahnhof auszusteigen und setzen statt dessen ihre Fahrt Richtung Osten fort. Nun könnten Sie versuchen, in Archidona das Malheur rückgängig zu machen. Sie steigen aus dem Zug und warten auf den nächsten in der Gegenrichtung, was durchaus ein bis zwei Stunden dauern kann. Wenn Sie die Zeit nutzen möchten, um zum Beispiel den in seiner Art seltenen achteckigen Hauptplatz von Archidona zu begutachten, dann werden Sie feststellen, daß der Ort Archidona gute zehn Kilometer von der Estación de Archidona entfernt liegt. Und Sie sollten nicht davon ausgehen, daß es einen Shuttle-Bus gibt.

Im Gegensatz dazu sind manche Zugstrecken in Andalusien hervorragend ausgebaut. Besser gesagt: *Eine* Strecke ist hervorragend ausgebaut. Die Weltausstellung 1992 schien der spanischen Eisenbahngesellschaft eine gute Gelegenheit, um die erste Hochgeschwindigkeits-Paradetrasse des Landes entlang dem Río Guadalquivir zu verlegen. Der *AVE* überwindet die Strecke von Sevilla in die Hauptstadt Madrid in weniger als zweieinhalb Stunden, für die Teilstrecke Sevilla-Córdoba braucht er nicht einmal eine Dreiviertelstunde. Dabei bietet der Schienenflitzer allen Komfort, den sich ein Zugreisender wünschen kann. Der Rhythmus der Abfahrten ist ebenfalls beachtlich, die Züge verlassen die Bahnhöfe stündlich oder auch alle halbe Stunde.

Diesen Standard sollten Sie nicht erwarten, wenn Sie beabsichtigen, andere Teile Andalusiens mit dem Zug zu bereisen. Viele Strecken werden nur ein- bis zweimal täglich bedient. Daß die Züge vielleicht ein charmantes Bord-Café haben, ist da ein schwacher Trost. Selbst wenn der Fahrplan auf den ersten Blick eine ordentliche Frequenz von Abfahrten ausweist, sollten Sie argwöhnisch sein, sofern Sie umsteigen müssen. Die Anschlüsse liegen meist so, daß sich die tatsächliche Zahl der Reisemöglichkeiten wieder auf ein bis zwei am Tag reduziert, sofern Sie nicht mehrere Stunden an wenig einladenden Bahnhöfen wie dem des Eisenbahnknotenpunktes Bobadilla verbringen möchten. Sie täuschen sich übrigens, falls Sie meinen, der hätte etwas mit dem gleichnamigen Brandy zu tun, und Sie könnten sich das Warten mit einer Kellereibesichtigung samt Branntweinprobe verkürzen.

Längere Wartezeiten auf einen Anschlußzug können Sie sich damit vertreiben, in das System von Preisen und Klassen der staatlichen spanischen Eisenbahngesellschaft RENFE einzusteigen. Die hat sich neben der Unterteilung in erste und zweite Klasse zusätzliche Servicestufen für besondere Züge wie den *AVE* oder den *Talgo* einfallen lassen. Die genaue Erläuterung der möglichen Preisvergünstigungen füllt deshalb eine volle Din-A-4-Seite. Da spielen neben dem gewählten Zugtyp Faktoren eine Rolle wie das Alter der Fahrgäste, die Größe einer Gruppe, der Wochentag, die Frage ob ein Rückfahrticket gelöst wird. Überarbeitungen dieses Systems gibt es immer wieder, zu mehr Überschaubarkeit hat sich die zuständige Behörde bislang nicht durchgerungen.

In vielerlei Hinsicht einfacher ist die Fahrt mit Überlandbussen. Private Gesellschaften bedienen fast jede Stadt und jedes Dorf. Die Busbahnhöfe übertreffen mühelos die Pendants der Eisenbahngesellschaft, was Größe und Modernität angeht. Die Fahrpreise sind dem freien Spiel des Marktes überlassen, aber stets bezahlbar. Und die Gesellschaften bemühen sich auch um etwas Luxus, zum Beispiel in Form von Bildschirmen über jeder dritten Sitzreihe. Das hat den nicht jedem Reisenden willkommenen Nebeneffekt, daß ihm ständig irgendwelche Hollywood-Produktionen in die Augenwinkel flimmern, während er versucht, die traumhafte Landschaft zu genießen.

Auf exotische Verkehrsmittel wie Esels-Taxis, die sich findige Geschäftsleute in Touristenorten wie Mijas oder Frigiliana haben einfallen lassen, will ich hier nicht näher eingehen. Und zum Autofahren per Anhalter nur ein kurzes Wort: Wie anderswo auch, verliert in Andalusien diese Art zu Reisen an Bedeutung. Sie ist jedoch immerhin noch etwas weiter verbreitet als in anderen Teilen Europas. Und in Andalusien kann man besondere Erfahrungen mit Anhaltern machen. Dort bin ich vor nicht langer Zeit der eigenwilligsten Tramperin meines Lebens begegnet: Eine etwas korpulente Frau von etwa dreißig Jahren stand unversehens in der Mitte der Straße, gebot mir mit einer Hand anzuhalten, mit der anderen bediente sie eine

Trillerpfeife. Ich dachte zuerst an eine Art Polizistin, doch sie wollte lediglich in einen Vorort mitgenommen werden. Solche Erlebnisse sind auch hier die Ausnahme, das muß ich betonen.

Nach dieser Abschweifung wende mich endlich dem eigenen oder gemieteten Wagen als Fortbewegungsmittel zu, denn der ist, was die Selbstbestimmung angeht, unübertroffen. Der Gedanke an eine selbstgelenkte Fahrt durch das alte Al-Andalus weckt einen Hauch Abenteuer. Für uns Mitteleuropäer, zumal für Deutsche, hat es ja immer etwas Herausforderndes, sich im Auto im Ausland zu bewegen. Stundenlang können wir davon erzählen, wie haarsträubend die Fahrgewohnheiten der Portugiesen oder Niederländer sind, wie absurd die Beschilderung in Namibia.

Auch und gerade das Autofahren in Andalusien kann abenteuerlich sein. Vorausgesetzt, man weiß das Abenteuer als solches zu erkennen. Machen wir eine Fahrt von der Küstenstadt Málaga ins Binnenland nach Grazalema. Alles, was ich im folgenden beschreibe, ist relativ aktuell recherchiert. Es können sich einige Details geändert haben. Ich will nur ein Beispiel geben für Erlebnisse, die Ihnen in Andalusien immer und überall widerfahren können.

Also Aufbruch in Málaga. Die bitteren Erinnerungen an die Irrwege bei der Fahrt in die Stadt hinein sind vergessen. Das stundenlange Suchen kann man denjenigen, die hier für die Beschilderung verantwortlich sind, nicht wirklich vorwerfen. (Auch in meiner Wahlheimatstadt München hatte es Jahre gedauert, bis ich den direkten Weg von der Autobahnabfahrt zur Wohnung fand.) Jetzt Aufbruch – wunderbare Autobahn gen Süden. Die Erschließung der Sonnenküste kannte hier keine Gnade. Sechsspurig zerteilt die Autovía die Stadt, die Vororte, das Land, trennt Hotels vom Strand, Mütter von ihren im Sand spielenden Kindern.

Rechts erscheint bald das erwartete Schild nach Coín. Laut der topaktuellen, hochauflösenden Straßenkarte ist das die korrekte Abfahrt. Die Nummer auf dem Straßenschild stürzt mich allerdings in Verwirrung: N 344. Denn die Karte sieht eigentlich A 366 vor. Ich biege trotzdem ein, die Richtung stimmt ja. Dann, nach wenigen hundert Metern, ragt ein Schild auf, groß wie zur Begrüßung des US-Präsidenten bei seinem ersten Besuch in der Gegend. Ich lese: »Junta de Andalucía A 366«. Ich bin glücklich, denn Beschilderung und Karte stimmen überein. So soll es sein. Eine kurze Erläuterung für diejenigen, die sich über das Wort *Junta* wundern. Es heißt hier lediglich »Regierung«, wie übrigens in allen anderen spanischsprachigen Regionen der Welt. Daß lateinamerikanische Juntas diesem Wort einen unangenehmen Beigeschmack verliehen haben, ist schwer verständlich für einen Andalusier, der sich von seiner – meist eher linksgerichteten – Junta in aller Regel recht demokratisch regiert fühlt.

Ich fahre unbeirrt und einigermaßen entspannt auf die Bergketten am Horizont zu und werfe einen Blick in die etwas weniger aktuelle, aber übersichtlichere zweite Karte. Es soll keiner sagen, ich wäre schlecht vorbereitet nach Andalusien gefahren.

Und hier klärt sich das Rätsel auf. Die Straße hieß früher N 344, jetzt ist sie offenbar umbenannt in A 366. Kaum daß ich die Zufriedenheit über diese selbst gewonnene Einsicht ein wenig genossen habe, schreckt mich ein neues Schild auf, das mir kundtut, daß ich nunmehr auf der Straße A 378 fahre. Die Richtung stimmt jedoch. Noch bevor ich die Tragweite dieser neuen optischen Information richtig verarbeitet habe, weist ein weiteres Schild wieder die N 344 aus, und wenige hundert Meter später folgt ein Hinweis auf die A 366.

Um diese eigenwillige Beschilderung zu verstehen, muß man wissen, daß es Spaniern und damit auch Andalusiern sehr schwerfällt, alte Benennungen von Straßen einfach aufzuheben. Das springt manchem etwas geschichtsbewußten Reisenden in spanischen Innenstädten ins Auge. Die Umbenennung der Straßen, die lange Zeit dem *Caudillo* (wörtlich: Führer) Francisco Franco gewidmet waren, ist nicht überall abgeschlossen. Selbst im weltoffenen und modernen Sevilla führt noch immer eine Generalísmo-Brücke über den Guadalquivir – ein anderer Titel des Diktators. Wobei man dem weitenteils sozialistisch regierten Andalusien zugute halten muß, daß es diese Reminiszenzen an eine dunkle Epoche der spanischen Geschichte gründlicher ausgetilgt hat als andere Gegenden Spaniens.

Überlandstraßen sind hingegen praktischerweise nie nach politischen Personen benannt, sie haben Buchstaben und Nummern. N steht für Nationalstraße, A für eine Straße in der Verantwortung der Provinzregierung von Andalusien MA oder GR für eine Kommunalstraße in der Verantwortung von Málaga oder Granada. Und im Zuge einer Überarbeitung des Straßennetzes kommt es vor, daß die Baubehörden den Status einer Strecke ändern. Interessanterweise kann es dabei passieren, daß eine Route, die bautechnisch aufgewertet wird, dennoch von der Nationalstraße zur Andalusien-Straße absteigt. Die alten Schilder bleiben stehen und dokumentieren, welche Statusebenen die Straße im Laufe ihrer Geschichte durchwandert hat.

Der Auf- und Abstieg mancher Straßen ist in Andalusien besonders bewegt. Denn hier ist es so wie in allen lange Zeit unterentwickelten Regionen Europas: Wenn die Zentralregierung irgendwann erkennt, daß sie den vernachlässigten Landesteilen etwas mehr Aufmerksamkeit schenken sollte, dann tut sie das zuallererst mit dem großzügigen Bau und Ausbau von Straßen. Das gilt in Ostdeutschland ebenso wie im italienischen Mezzogiorno. Andalusien mit neuen Autobahnen zu überziehen, zweispurige Straßen vierspurig auszubauen, vierspurige sechsspurig, war und ist Ehrensache für herrschende spanische und andalusische Politiker. Seit der Aufnahme des Landes in die Europäische Gemeinschaft konnten zu diesem Zweck auch internationale Hilfsgelder eingesetzt werden. Besonders erfreulich ist diese Art der Regionalförderung für den Reisenden, weil nur ein geringer Teil der autobahnähnlichen Strecken mautpflichtig ist, so etwa südlich von Málaga oder zwischen Sevilla und Cádiz. Diese Abschnitte sind als *Autopistas* angezeichnet. Eine *Autovía* bietet in etwa den gleichen Komfort, ist aber kostenfrei.

Die Erneuerung des Straßennetzes hat allerdings einen gravierenden Nachteil. Denn sie erfolgt keineswegs nach dem Gießkannenprinzip, so daß jede Straße inzwischen einen mitteleuropäischen Mindeststandard erfüllen würde. In Andalusien gilt im Straßenbau eher die entwicklungspolitische Theorie der Förderung von Kristallisationspunkten. Einige Straßen werden hervorragend ausgebaut. Andere bleiben im Mittelalter. Das ist nicht übertrieben. Nur sehr ungern denke ich an die Fahrt von La Palma del Condado nach Berrocal zurück, die ich vor einigen Jahren absolvierte. Vielleicht hat sich an dieser Strecke inzwischen etwas geändert. Doch die Verhältnisse, die ich damals vorfand, sind sicherlich heute noch auf viele andere Stellen in Andalusien übertragbar.

In jenem konkreten Fall war es so: Ich wollte vom südlichen Westandalusien etwas nach Norden vorstoßen, in die Sierra de Aracena, einen Gebirgszug, der berühmt ist für seine über die Maßen hervorragenden luftgetrockneten Schinken. Ich wählte eine Straße, die in den Karten, die mein Vertrauen genießen – oder besser: genossen –, mit gelber Farbe eingezeichnet war. Es war dementsprechend eine höhere Ausbaustufe zu erwarten als auf einer grauen oder gar weißen Strecke. Die gelbe Farbe sollte Asphaltierung voraussetzen, oder wenigstens Schotter. Anfangs setzte sich der Straßenbelag auch aus einem dieser Materialien zusammen. Doch später folgten Steine. Keine kleinen Schottersteinchen, sondern große Brocken, mal rund, mal eckig, aber immer Steine, die auf Autostraßen nichts verloren haben. Steine, die eigentlich, wenn überhaupt, nur ein Esel überwinden kann, vielleicht ein Geländewagen. Oder besser: ein Unimog.

Es war, wie es in unangenehmen Situationen immer ist. Man sagt sich: Das wird gleich aufhören. Es lohnt nicht, jetzt aufzugeben. Ein paar Meter noch, nach der nächsten Kurve beginnt bestimmt der Asphalt. Oder der Schotter. Oder irgendwas, das besser ist als diese Mischung aus Flußbett und Steilhang. Mit dieser vertrauensseligen Einstellung schlittert man zusehends tiefer ins Verderben. Man sagt sich: Jetzt bin ich schon zwei Kilometer diese Höllenstrecke gefahren, jetzt hat es keinen Sinn mehr umzukehren. Noch einmal zwei Kilometer kann es ja nicht mehr dauern auf einer gelb eingezeichneten Strecke. O doch. Es dauert sogar noch einmal zwanzig Kilometer.

Wer auf der Autobahn Sevilla-Cádiz zwanzig Kilometer dahingleitet, braucht dafür mit einem durchschnittlichen Fahrstil acht oder zehn Minuten. Damals, zwischen La Palma del Condado und Berrocal, dauerten die zwanzig Kilometer objektiv gemessen ziemlich genau zwei Stunden, und subjektiv dauerten sie ein halbes Leben.

Die Landschaft ist außergewöhnlich. Kein Mensch weit und breit, keine Spur von Zivilisation. Nicht ohne Grund kriecht alsbald die furchtbare Angst in einem hoch, daß einem niemand helfen wird, wenn gleich der Reifen platzt, weil man mit dem arglosen Stadtwagen über fußballgroße Steine fährt. Oder die Ölwanne reißt. Die Achse bricht. Irgend etwas wird passieren, es ist unvermeidlich hier in dieser gottverlassenen Gegend. Nur Verrückte fahren auf dieser Straße. Das Handy hatte ich im Hotel liegenlassen. Und wenn ich es dabeigehabt hätte, wäre hier südlich der wunderschönen Sierra de Aracena bestimmt kein Netz erreichbar gewesen.

Es ist natürlich kein Reifen geplatzt, die Ölwanne nicht gerissen. Aber als ich kurz vor Berrocal wieder geteerte Straße erreichte, war ich sehr versucht, es Johannes Paul II. gleichzutun und den Asphalt zu küssen. Mein eigentliches Ziel hatte ich da noch nicht erreicht, ich gab es auch auf, es weiterhin anzusteuern.

Diese Fahrt hat mich reicher gemacht an Erfahrung und reifer für Andalusien. Als ich später einmal wieder eine hervorragend ausgebaute Straße verließ, war ich gewappnet. Es war wieder ein Ort mit dem Wort »Palma« im Namen – Abergläubische mögen einen Zusammenhang konstruieren. Diesmal brach ich nicht von La Palma del Condado auf, sondern von Palma del Río, westlich von Córdoba, und ich wollte frohen Mutes den vielgepriesenen Höhenzug der Sierra de Hornachuelos erkunden. Die Straße wurde schlecht, sie wurde schlechter. Sie wurde katastrophal. Doch ich hatte meine Lektion gelernt. Nach zwei Kilometern trat ich den Rückweg zur Hauptstraße an, verzichtete auf die Naturschönheiten der Sierra und besichtigte lieber in Almodóvar del Río eine nette Burg.

Man muß den andalusischen Straßenbauern zugute halten, daß die Natur es ihnen nicht leicht gemacht hat. Die Gegend ist ausgesprochen gebirgig, und außerhalb der Guadalquivir-Ebene muß sich fast jede Strecke über Anhöhen und durch Täler schlängeln. Zwar sind die Hauptrouten mit einer Vehemenz in den Untergrund geschnitten, daß es manchmal scheint, die tiefrote Farbe der kahlen Böschungen sei getrocknetes Blut von Mutter Erde. Doch diese Rigorosität ändert nichts daran, daß eine Kurve der anderen folgt, zumal die Straßenbauer den Aufwand von Tunnelbohrungen scheuen. Nur wenige Hauptstraßen werden auf diese Weise begradigt, und fast völlig ohne Untertunnelungen sind die Nebenstrecken durch die Landkarte gekringelt worden. Das wirkt sich ganz erheblich auf die Reisezeiten aus. Eine Strecke, die auf dem Plan so aussieht, als wäre sie nach anderswo üblichen Maßstäben in einer Stunde zu bewältigen, kann doppelt oder auch viermal soviel Zeit erfordern.

Autofahren in Andalusien verlangt also eine gewisse Flexibilität und einige Geduld. Besonders viel Langmut ist für die Fahrt in das Zentrum großer Städte vonnöten. Ob die Fahrt in das Herz Sevillas ein speziell andalusisches Problem ist, könnte man mit Fug und Recht diskutieren. Schließlich ist Sevilla vor allem eine europäische Großstadt. Könnte man meinen. In der Ausschilderung erweist sie sich allerdings als recht andalusisch, das heißt eigenwillig. Ich habe stets ohne allzu große Probleme das Zentrum von Madrid gefunden, indem ich mich an der Ausschilderung orientierte, für Barcelona gilt ähnliches. Das Zentrum von Sevilla hingegen empfinde ich jedesmal von neuem als eine echte Prüfung.

Es ist immer so wie beim ersten Mal. Früher war ich stets im Zug oder im Bus nach Sevilla gereist. Nun, erstmals mit dem Auto, näherte ich mich von Süden. In drei Worten: Es war schrecklich. Habe ich die Schilder ins *centro* nicht gesehen, oder gab es sie nicht? Hinterher war alles mit einem Schleier der Unwirklichkeit überzogen. Ich kann nur noch rekonstruieren, daß ich gute zweieinhalb Stunden in wild gezackten konzentrischen Kreisbewegungen die Stadtmitte ertastet habe. Daß ich mich bei der Fahrt aus Sevilla heraus nach Córdoba wieder grandios verfahren habe, war zu erwarten. Ob es an meiner tief sitzenden Angst vor der sevillanisch-andalusischen Beschilderung lag oder an dieser Beschilderung selbst – ich weiß es nicht mehr. Inzwischen stelle ich das Auto bei meinen Besuchen lieber in der nächsten größeren Stadt ab und fahre mit dem Zug nach Sevilla.

In Granada kann es einem etwas anders ergehen: Hier fällt es weniger schwer herauszufinden, wo das Zentrum liegt. Doch dann dorthin zu gelangen, kann zu einer Angelegenheit werden, zu der Sisyphus vielleicht einst verurteilt worden wäre, hätte es in der Antike schon Autos und insbesondere Einbahnstraßen gegeben. Granada hat ein ausgeklügeltes System von Schildern: überall in der Stadt gibt es Hinweise zum Beispiel auf verschiedene Hotels, eventuell auch auf das, das man gerade sucht.

Wer nun ein Hotel im Herzen Granadas gebucht hat, die Adresse weiß, möglicherweise sogar einen Stadtplan besitzt – der wird dennoch große Mühe haben, dort anzukommen. Denn immer wenn eine Straße auftaucht, die in die Richtung des Zentrums und damit des angestrebten Hotels führt, zeigt ein Schild an, daß es sich um eine Einbahnstraße handelt. Mancher hat nach stundenlangem Umherirren schon einfach entnervt bei einem anderen Hotel gehalten, das er zufällig passierte, und sich womöglich dort eingemietet. Aufs Geratewohl in Granada ein Zimmer zu bekommen, dazu gehört jedoch zu fast jeder Jahreszeit eine ordentliche Portion Glück. Doch davon mehr im Kapitel über Unterkünfte in Andalusien.

Einbahnstraßen können zum Fluch werden, wo Stadtplaner sie mit der Leidenschaft verteilt haben, die ja einen guten Teil der andalusischen Volksseele ausmacht. Und zur Leidenschaft gehört es, daß sie an der einen Stelle in einem Übermaß vorhanden ist, an anderer Stelle jedoch fehlt. Nicht anders verhält es sich mit den andalusischen Einbahnstraßen. Der wohlgemuteste Tourist wird wiederholt in Situationen kommen, in denen er sich sehnlichst wünscht, ein rotes Schild mit weißem Querstrich hätte ihn davon abgehalten, in diese Gasse zu fahren.

Aber nein, jetzt steht er hier, in diesem malerischen weißen andalusischen Dorf, die Straße führt mit etwa 20 Prozent Steigung in Richtung des unvermeidlichen Maurenkastells, und es ist der schlimmste denkbare Fall eingetreten: Es kommt ein anderes Auto entgegen. Einige hundert Meter bergabwärts wäre das nicht tragisch gewesen, dort paßten noch zwei Wagen aneinander vorbei. Jetzt aber heißt es stur bleiben. Nein, ich fahre dieses enge, gewundene Gäßchen keinen Meter, geschweige denn ein paar hundert, zurück. Die Zeit hätte ich. Nur halte ich diese Aufgabe fahrtechnisch für unlösbar. Darum muß ich dem anderen Wagenlenker klarmachen, daß es viel einfacher ist, wenn er rückwärts bergauffährt. Was, objektiv gesehen, natürlich wesentlich schwieriger ist: Um bei der zu bewältigenden Steigung den Wagen nicht abzuwürgen, muß der Gassengegner ein Tempo vorlegen, das der Enge der Häuserreihen nun wirklich nicht angemessen ist. Doch er erbarmt sich irgendwann meiner Hilflosigkeit.

Und auch wenn die Rückwärtsfahrt an sich für ihn objektiv schwieriger war, so hat er doch einen Vorteil, der ihm in die Gene übergegangen sein muß. Er hat keine Angst vor diesen Gäßchen, und das muß auf irgendeine übernatürliche Weise die Autos der Einheimischen im entscheidenden Moment schmaler machen als denselben Wagentyp mit einem Fremden hinter dem Steuer. Die Fahrzeuge der Anwohner scheinen über die Fähigkeit zu verfügen, sozusagen den Bauch einzuziehen, anders ist kaum zu erklären, wie sie Engstellen passieren in Orten wie Arcos de la Frontera, Espejo oder Grazalema, vor denen ich schlicht kapituliere.

Nicht immer freilich ist Übersinnliches im Spiel – manchmal handelt es sich um reine autofahrerische Artistik. Mit Staunen habe ich im alten Araberviertel Granadas, dem Albaicín, beobachtet, wie Autofahrer Ecken bezwingen, indem sie rückwärtsfahren. Ich rede nicht von Kurven, sondern von veritablen Ecken. Nach den Gesetzen der Physik hätten die Autolenker diese Hindernisse vorwärts nicht bewältigen können, so wie man in eine enge Parklücke nicht vorwärts, sondern nur im Rückwärtsgang hineinkommt. Und dieses Prinzip wenden die Granadiner auch an, um ihre Autos fortzubewegen – rückwärts. Das bringt einem kein deutscher Fahrlehrer bei.

Bevor diese Schilderung der Fahrkünste andalusischer Autofahrer zu sehr den Charakter einer Lobpreisung bekommt, muß ich relativierend hinzufügen: Viele sehen es schlicht als gottgegeben an, daß der tägliche Nahkampf mit Häuserwänden nicht immer ohne Dellen und Kratzer abgeht. Breite Streifen in den Farben verschiedenster Lackierungen und Stoßstangen-Plastikmischungen legen an den einschlägigen Stellen andalusischer Gassen beredtes Zeugnis davon ab. Es ist wohl nicht ratsam, sich diesen Teil der andalusischen Volksseele zu eigen zu machen. Die allgemeingültige Empfehlung für das Autofahren in andalusischen Innenstädten lautet also: Den Wagen alsbald stehen lassen.

Einige Worte zum Parken. Es soll nicht um Parkplatzmangel gehen, der herrscht überall auf der Welt, und alle Völker finden dafür ihre Lösungen. In Spanien ist es das Mittel der Wahl, den Wagen vorzugsweise an Stellen stehen zu lassen, wo es dem Durchschnittsdeutschen nicht einfiele. Ebenfalls sehr beliebt ist das Parken in der zweiten oder dritten Reihe. Doch in Südspanien rührt das Problem weniger aus einem Mangel an Parkplätzen, schwierig ist vielmehr der Umgang mit vorhandenen Parkplätzen. Es gibt zwei Arten Erschwernisse. Die eine sind Menschen, die andere sind farbige Striche.

Folgendes Szenario habe ich nur allzuoft erlebt. Auf der Suche nach einem Parkplatz entdecke ich etwa dreißig freie Meter am Straßenrand, auf denen ein etwas abgerissen gekleideter Mann steht, der mit wild wedelnden Armen auf diese ansehnliche Lücke hinweist. Ich stelle das Auto ab, der Herr kommt auf mich zu, lächelt mich erwartungsvoll an, als ich aussteige. Er will ein Trinkgeld. Das hielte ich vielleicht für angebracht, wenn er mich in einer mondlosen Nacht in einer unbeleuchteten Straße, die ich mit defekten Scheinwerfern suchend durchfuhr, auf die letzten freien fünf Meter aufmerksam gemacht hätte. Nur: Er hat mich in dreißig unübersehbare freie Meter eingewiesen.

Ich gebe ihm eine Münze, eine kleine. Er sagt: *Te guardo el coche* – Den Wagen will er bewachen, den vollkaskoversicherten Mietwagen, den ich eine Stunde in einer Kleinstadt abstelle, in der mein selbsternannter Parkwächter wahrscheinlich der einzige ist, der ein Wässerchen trübt. Ich nehme es zur Kenntnis und gehe davon. Als ich wiederkomme, scheint er fort zu sein. Ich steige hastig in den Wagen, er hat Macht über mich. Plötzlich, wie aus dem Nichts, steht er neben der Wagentür: *Te he guardado el coche.* Er hat aufgepaßt auf den Wagen, sagt er, und lächelt, daß eine Tortilla zerschmelzen könnte. Ich gebe ihm eine mittelgroße Münze. Er müsse aber auch von etwas leben, sagt er. Ich zögere und gebe ihm noch eine Münze. Von etwas leben muß er schließlich.

Auf Menschen wie ihn können Sie an vielen Orten treffen. Mal sehen sie aus wie seine Zwillingsbrüder – etwas nachlässig gekleidet, ein selbstbewußter Dreitagebart, ein gewisser Stolz gegenüber den feigen blaßhäutigen Touristen. Oder sie sind wie der Herr in Carmona, in allem seinen Kollegen gleich, aber mit einer gepflegten nachtblauen Dienstmütze auf dem Kopf samt großem glänzendem Phantasiewappen. Immerhin hat er recht bald eingeräumt, daß er nicht für die Stadt arbeitet. Die offiziöse Mütze habe ihm ein Freund geschenkt, als Sonnenschutz. Davon abgesehen, mußte ja auch er von etwas leben.

Diese Sorte von Parkwächtern hat im Volksmund einen eigenen Namen: Gorillas, oder in spanischer Schreibweise *gorilas*. Diese Benennung dürfte aber weniger mit Berichten über gewalttätige Rangeleien mit Autofahrern zusammenhängen, als vielmehr mit der auffälligen Gestik beim Hinweis auf Parklücken. Daneben gibt es noch Parkwächter, die tatsächlich im

Dienst der Stadtverwaltungen stehen, in Sevilla oder Sanlúcar de Barrameda. Die haben einen Vorteil: fixe Preise. Und sie haben einen Nachteil: Man weiß nicht, wohin das Geld fließt, das man ihnen gibt. Bei ihren privaten Parkwächterkollegen bin ich mir da sicher.

Parkwächter können aber auch auf den Asphalt gemalt sein. Dann sind sie gelb oder blau, einfach oder doppelt. In Andalusien haben sich etliche Kommunen die Unsitte anderer Länder zu eigen gemacht, Parkregeln in langen Linien zu formulieren. Die Farbensymbolik ist ähnlich wie anderswo. Ein gelber Strich heißt: »Hier lieber nicht parken.« Ein blauer Strich bedeutet: »Herausfinden, wo man wieviel Geld bezahlen muß, um sich ein Parkrecht zu erkaufen.« Schwierig ist die Sache oft nur aus einem Grund: Alle anderen Autos mit einheimischen Kennzeichen kümmern sich einen feuchten Kehricht um die Linien – warum sollten wir sie beachten?

Ich will an dieser Stelle nicht darüber diskutieren, warum Touristen im Ausland den Hang haben, Regeln in Frage zu stellen, die sie in ihrer Heimat widerstandslos respektieren, eventuell sogar für vernünftig halten. Es scheint im Menschen angelegt zu sein, daß er immer wissen möchte, wie wahrscheinlich denn eine Strafe folgt, wenn er eine Vorschrift nicht befolgt. Was Parkverbote in Andalusien angeht, gilt eine goldene Regel: *depende* – es kommt darauf an. Als ich das letzte Mal in Sevilla einen Parkplatz direkt vor meinem Hotel gefunden hatte, lag der neben einem gelben Strich. Ich war fest entschlossen, die Linie zu ignorieren, denn das taten bereits die Fahrer von etwa hundert anderen Autos. Einen Sinneswandel führte mein Hotelwirt herbei, indem er mir versicherte, daß der Abschleppwagen *(la grúa* - wörtlich: der Kran) schon um die Ecke lauere. Ich war im Zwiespalt: Was tun? Ich tat das Einfachste und suchte ein Parkhaus auf. Das kostet Geld, gibt einem aber dafür etwas von der Sicherheit, die uns Mitteleuropäern im südwestlichen Europa so wichtig ist.

Die Sinnhaftigkeit von Parkverboten kann man als aufgeklärter Mensch ja durchaus manchmal hinterfragen. Bei roten Ampeln sieht die Sache anders aus. Ihre grundsätzlich ordnende Wirkung wird kaum jemand ernsthaft bezweifeln. Auch unter andalusischen Autofahrern herrscht bei roten Lichtern an städtischen Kreuzungen in etwa eine Disziplin, wie sie sich für EU-Bürger gehört. Lediglich jugendliche Mopedfahrer machen Sport und Mutprobe daraus, dem kreuzenden Verkehr die helmfreie Stirn zu bieten.

Schwieriger zu verstehen als die klassischen Ampeln ist eine spezielle Sorte von Verkehrslichtern, die es in ganz Spanien gibt, in Andalusien aber gehäuft vorkommt. An diesen Ampeln blinken unablässig zwei orangefarbene Leuchten. Daneben hängt ein Schild, auf dem eine Zahl steht, zum Beispiel 60, und der Satz *Semáforo cerrado a más velocidad* oder *A más velocidad semáforo rojo*. Mit dem Herrschaftswissen hervorragender Sprachkenntnisse ausgestattet, weiß ich, daß hier eine Geschwindigkeit von mehr als sechzig Stundenkilometern verboten ist. Als Strafe wird mir offenbar eine rote Ampel angedroht.

Diese zunächst blinkenden, später eventuell auf Rot springenden Ampeln säumen vorzugsweise Durchgangsstraßen, zum Beispiel im weiteren Umfeld von Siedlungsgebieten und Kreuzungen. Und das macht das exotische und damit andalusische an ihnen aus: Sollte ein Wagen schneller als mit sechzig Stundenkilometern dahergekommen sein, schaltet die Ampel auf Rot, und plötzlich steht der Verkehr unter Umständen auf fast freier Strecke – zur Strafe eben.

Für viele Andalusier ist das kein Problem, solange kein Deutscher, Schweizer oder Österreicher vor ihnen fährt. Sie ignorieren das rote Verkehrslicht, das sie durch ihr Schnellfahren herbeigeführt haben. Doch für unsereins ist eine rote Ampel ein kategorischer Imperativ. Wir halten an. Und können, bis uns ein neuerliches Blinken wieder den Weg freigibt, ins Grübeln verfallen. Darüber, daß es eigentlich ungerecht ist, eine ganze Kolonne unschuldiger Autofahrer in Haftung zu nehmen, nur weil einer zu schnell fährt. Und doppelt ungerecht, zumal der Schuldige einfach weitergefahren ist – und bloß wir an der roten Ampel warten und damit die Autos hinter uns. Deren Fahrer, sofern sie mit Andalusiern besetzt sind, machen sich solche Gedanken übrigens bestimmt nicht.

Die Tatsache, daß die Verkehrsbehörden einen solchen technischen Aufwand betreiben, um Tempolimits durchzusetzen, läßt ahnen, wie ernst andalusische Fahrer die Geschwindigkeitsbeschränkungen nehmen, wenn niemand zuschaut. Ich halte Tempolimits im großen und ganzen für eine vernünftige Sache. Deswegen empfehle ich, sich daran zu halten. Nicht, daß Temposünder in Südspanien überdurchschnittlich oft erwischt und bestraft würden. Ich rate es aus Gründen der Ratio.

Es kann allerdings vorkommen, daß es fast unmöglich ist, ein Tempolimit zu befolgen. Einmal hatte ich mein Quartier nahe der Hauptstrecke zwischen Granada und der Küste aufgeschlagen und fuhr Tag für Tag jene Nationalstraße. Am Straßenrand waren über Dutzende von Kilometern in regelmäßigen Abständen Schilder aufgebaut, die Tempo vierzig vorschrieben, obwohl der Ausbaugrad der Strecke die doppelte oder dreifache Geschwindigkeit erlaubte. Dementsprechend verhielten sich sämtliche spanischen Fahrer, und irgendwann tat ich es ihnen gleich. Vielleicht waren die Metalltafeln nach Bauarbeiten vergessen worden, sagte ich mir, obwohl Spuren der Erneuerung an den rund dreißig Kilometern mit rigider Tempobeschränkung kaum auszumachen waren. Trotz aller rationalen Erklärungen hatte ich ein schlechtes Gewissen. Dabei blieb es, die nationale Polizeitruppe Guardia Civil rief mich nie zur Ordnung.

Eine andere Erklärung für die Tempolimits kann ich definitiv ausschließen: Zum Lärmschutz wird in Andalusien der Verkehr nicht abgebremst. Davon abgesehen, daß an der erwähnten Strecke kaum jemand wohnt, kann ich für diese Erkenntnis eine Erfahrung aus Granada als Beleg anführen. Dort sperrten die Verkehrsplaner eine Innenstadtstraße für den allgemeinen Verkehr, versahen sie mit einem Tempolimit von zwanzig Stundenkilometern und bebilderten sie zusätzlich mit einem Hinweisschild, das ich vorher mit einer Spielstraße verbunden hatte. Mit dieser Maßnahme sollte die Straße zur *Zona residencial* geadelt werden, also zum Wohnviertel. Gleichzeitig erhielten aber Busse, Taxis und vor allem Mopeds ein Durchfahrtsrecht. Leicht motorisierte Zweiräder sind in Andalusien ein ebenso lautstarkes wie beliebtes Verkehrsmittel, Jugendliche nutzen die *motos* mitunter gerne als Vergnügungsutensil. Diese Gefährte durchpflügten folglich die Straße, die ihnen nunmehr fast allein gehörte, in gigantischer Zahl. Auf dem Gehsteig war das eigene Wort kaum mehr zu verstehen.

Einen gewissen Mangel an Erfahrungen muß ich mit Sanktionen, die das Fahren nach dem Konsum von Alkohol betreffen, eingestehen. Die Grenze für den zulässigen Alkoholgehalt im Blut liegt in Spanien inzwischen bei 0,5 Promille. Nun gehört in Andalusien der Genuß von Wein oder anderen alkoholischen Getränken zu beinahe jeder Tageszeit zum Lebensgefühl. Und 0,5 Promille sind da schnell erreicht. Wie Hedonismus und Vernunft hier in Einklang zu bringen sind, muß jeder mit sich ausmachen. Der beste Ratschlag wäre daher: Wer etwas trinken will, sollte in der Nähe übernachten. Was die Frage nach dem passenden Quartier aufwirft.

Zwischen Bettenburg und Maurenburg
Unterkommen in Andalusien

*E*s gibt wenige Gegenden auf der Welt, wo derart viele höchst unterschiedliche Beherberbungsbetriebe so nahe beieinanderliegen wie in Andalusien. Der Reisende steht vor einer schier unüberschaubaren Vielfalt von Möglichkeiten, zu schlafen oder den Tag zu verbringen – was die Orientierung und Entscheidung nicht eben erleichtert. Zumal die Dichte der Unterkünfte von Region zu Region ganz eklatant schwankt.

Weite Abschnitte der Costa del Sol zum Beispiel erschlagen den Hotelsuchenden mit der schieren Masse an Zimmern, die in gigantische Betonwälle eingelassen sind. Die Namen Torremolinos oder Benalmádena Costa werden wohl auf ewig als Sinnbild für die komplette Abriegelung einstmals kaum berührter Strände stehen. Daß spanische Wirtschaftspolitiker gerne von der Tourismus-Industrie sprechen, bekommt beim Anblick dieser Produktionsstätten für standardisierte Stranderfahrungen einen ganz besonderen Hintersinn.

Es ist überall nachzulesen: Die Zahl der Touristenbetten übersteigt in etlichen Küstenorten Andalusiens die Zahl der Einwohner um das Zehn- bis Zwanzigfache. Doch dieser Überfluß an Zimmern bietet keine Garantie dafür, daß ein Individualreisender, der vielleicht auch mal eine oder mehrere Nächte in Torremolinos verbringen will, tatsächlich ein Bett findet. Die meisten der Hochhaushotels sind fest in der Hand der Anbieter von Pauschalreisen. Wer nahe am Strand sein möchte und nicht allergisch auf Beton reagiert, sollte deshalb im voraus buchen. In diesem Fall sind die entsprechenden Unterkünfte unschlagbar billig – wesentlich preisgünstiger jedenfalls als für denjenigen, der auf gut Glück an der Rezeption vorspricht. Wer Preisvorteile genießen will, muß sich im Gegenzug freilich für eine gewisse Zeit binden. Das ist allerdings keine andalusische Spezialität.

Typisch andalusisch hingegen ist ein besonderes Ergebnis der staunenswerten Verbauung der Küste: Hier kann der aufmerksame Beobachter eine Archäologie der Hotellerie nachvollziehen. In Schichten überlagern sich die aufeinanderfolgenden Epochen der touristischen Erschließung. Da gibt es zunächst die ersten, noch überschaubaren Hotelanlagen aus den fünfziger Jahren. Bescheiden zweistöckig, standen sie einstmals verstreut in der Landschaft. Die eine oder andere sogar schon mit einem mittelgroßen Golfplatz.

Schnell rollte die Geschichte über diese frühen Spuren der touristischen Erschließung hinweg. Heute kann der Gast durch sein Fenster aus nächster Nähe den Autos auf der vierspurigen Küstenautobahn zuwinken. Der Verkehr läßt die Solitäre aus der Prähistorie des Tourismus unausgesetzt sanft erzittern. Während sie früher in der Sonne strahlten, sind sie inzwischen in ständiges Dämmerlicht getaucht. Die mit Macht darübergelagerte Schicht der in den sechziger bis achtziger Jahren hochgezogenen Türme mit Billigquartieren überdeckt sie mit breiten Schatten.

Als dritte Schicht findet der Hotellerie-Archäologe etwas außerhalb der urbanen Zentren die neuen, exklusiveren Ressorts – an die sich nicht selten ebenfalls ein Golfplatz anschließt. Es lohnt sich wirklich, Kenntnisse über die Schichtung der andalusischen Herbergen zu erwerben. Den erfahrenen Analytiker können Fotos in einem Prospekt nicht täuschen. Er wird nur den eigenen Augen und Ohren trauen.

Wer nicht täglich im Meer baden will, ist in Andalusien glücklicherweise nicht auf die Hochburgen des Pauschaltourismus angewiesen. Im Binnenland ist die Zimmersuche zumindest in den wichtigen Städten auf den ersten Blick nicht schwer. In Córdoba, Sevilla oder Granada umfassen die Hotelverzeichnisse viele Seiten. Und in der Tat: Aufs Geratewohl beispielsweise in Córdoba ein Zimmer zu finden ist durchaus möglich.

Schon in Sevilla sieht die Sache anders aus. Über Ostern oder zur Zeit des Volksfestes *Feria de Abril* ist es völlig aussichtslos, ohne längerfristige Reservierung unterzukommen. Und in Granada kann es Ihnen selbst an einem verregneten Donnerstag im September passieren, daß Sie erst nach dem dreizehnten Anruf auf ein Hotel treffen, das zufälligerweise etwas frei hat. Die Erfahrung hat mich ehrlich überrascht. Noch überraschter war ich, als ich die Telefonrechnung erhielt. Sie belehrte mich, daß im Ausland dreizehn Anfragen per Mobiltelefon so teuer sein können wie eine Übernachtung.

Auch jenseits der aus touristischer Sicht bedeutenden Städte ist es nicht immer leicht, eine passende Unterkunft aufzuspüren. Trotz aller Kampagnen, die mehr Urlauber in die weitere Fläche des Landes zu locken trachten, ist dort die Infrastruktur von Hotels und Pensionen unvollkommen. Wer bei einer Erkundung zum Beispiel der Gebirgszüge ganz dem Rhythmus seiner Tagesdisposition und -konstitution folgen will, sollte nicht allein auf sein Glück vertrauen, sondern rechtzeitig vorsorgen, wo er die Nacht verbringen will. Die kleinen Orte des Binnenlandes verfügen oft über keine einzige Unterkunft – oder über einige wenige, die dann dummerweise belegt sind.

Gleichzeitig nimmt die Zahl der Ferienwohnungen in kleinen Dörfern, abgelegenen Tälern und auf unzugänglichen Höhen stetig zu. Hier ist normalerweise eine längere Festlegung auf das jeweilige Mietobjekt nötig, und das will gut überlegt sein. Es könnte sein, daß einem die Einsamkeit irgendwann aufs Gemüt schlägt, oder es wird einem schmerzlich bewußt, daß selbst im kleinsten weißen Dorf ein einziger gelangweilter Jugendlicher mit Geländemotorrad imstande ist, die ersehnte Stille zu vernichten. Wer dann bei Ausflügen andere Ziele ansteuern möchte, wird von

seiner ländlichen Idylle aus viele Stunden täglich aufwenden müssen, um die gewundenen Zufahrtswege
zurückzulegen.

Auch beim Verhältnis zwischen Preis und Leistung
bietet Andalusien eine Bandbreite wie wenige andere
Teile der Welt. Darüber belehrt den Fremden die beachtliche Zahl von Kategorien, in die die Beherber-
gungsbetriebe eingeteilt sind. Blaue Schilder mit
einem oder mehreren Buchstaben zeigen an, in welche Klasse ein Haus gehört.

Beginnen wir mit den Hotels. Sie können zwischen
einem und fünf Sternen führen und eventuell noch
den Zusatz *Gran Lujo,* also »Großer Luxus«. Für die
Vergabe der Sterne gibt es ein System. Wie in allen
Ländern, die ihre Hotels auf diese Weise bewerten,
richtet sich die Einordnung aber nur bedingt nach ein-
sichtigen Kriterien. Allenfalls nach Aspekten, die für
reisende Manager interessant sind, wie Verfügbarkeit
von Versammlungsräumen, Faxgerät etc., für durch-
schnittliche Touristen hingegen weniger. Zusätzlich
an Aussagekraft verloren hat diese Art der Bewertung,
weil die Zeiten, in denen der Staat den Hotels je nach
der Anzahl der Sterne vorschrieb, wieviel sie maximal
für ein Zimmer verlangen dürfen, lange vorbei sind.
Es kann sein, daß ein Zwei-Sterne-Hotel teurer ist als
eines, das sich mit vier Sternen schmückt.

Jenseits der ganz normalen Hotels wird die Benennung unübersichtlich. Ich überfliege sie deshalb nur
kursorisch: HR steht für Hotels ohne Restaurant. Das
ist keineswegs paradox, sondern die Abkürzung für

Hotel Residencia, also ein Hotel nur zum Wohnen. Weiterhin gibt es Aparthotels mit Restaurant (HA) und ohne (RA) sowie Feriendörfer (CV). Unterhalb der Kategorie Hotel liegen in den theoretischen Erwartungen an Preis und Luxus die *Hostales* (HS) mit ein bis zwei Sternen. Auch hier kann das Fehlen eines Restaurants durch den Buchstaben »R« angezeigt (HSR) sein.

Die Differenzierung durch Sterne entfällt traditionell bei den einfachen Unterkünften: Sie können ein »P« (*Pensión*) auf blauem Grund tragen, oder, wenn es allereinfachste Herbergen sind, ein »F«, das für *Fonda* steht. In dieser Kategorie gibt es noch weitere private Angebote von Übernachtungsmöglichkeiten, die vom Standard her schwer von Pensionen oder Fondas zu unterscheiden sind, nämlich *Casas de Huéspedes* (CH). Mitunter werden schlicht nur Betten angeboten: *Camas* (C).

Einsichtige Tourismusmanager versuchen, in diesen Schilderwust etwas Ordnung zu bringen. Sie differenzieren auf ihren Unterkunftslisten nur zwischen zwei Großklassen von Gästehäusern: Hotels mit der althergebrachten Sterne-Kategorisierung, sie tragen den Buchstaben »H«. Darüber hinaus gibt es in diesen Listen noch Pensionen mit ein bis zwei Sternen. Das heißt, die Unterkünfte, die früher unter *Hostal* liefen, werden jetzt unter den Buchstaben »P« subsumiert, der wiederum ein eigenes kleines Sternesystem erhält. Die davon betroffenen Häuser ändern deswegen keineswegs ihren Namen und nennen sich weiterhin zum

Beispiel »Hostal Andalucía« oder »Hostal Córdoba«. Sie ahnen es schon: Es ist nicht einfach, sich vorab eine Orientierung über die Qualität einer Unterkunft zu verschaffen.

Zusätzlich erschwert wird dieses Unterfangen durch die Vielschichtigkeit der Preisgestaltung. Je nachdem, ob Sie in der Hochsaison oder Nebensaison reisen, können die Tarife ganz erheblich schwanken. An der Rezeption müssen die jeweiligen Höchstpreise aushängen, doch darf sie die Hotelleitung nach Bedarf unterschreiten. Wobei erwähnt werden muß, daß es eine nicht ausgestorbene alte andalusische sowie spanische Hotelierssitte ist, auf den nach außen angegebenen Tarif noch die Mehrwertsteuer (*Impuesto sobre el valor añadido*, I.V.A.) aufzuschlagen. Auch das Frühstück wird oft getrennt berechnet und kann den Preis spürbar nach oben treiben. Diese Bräuche ändern eines nicht. Der offizielle Preis ist nur bedingt ein Anhaltspunkt für die Eigenschaften einer Unterkunft. Es gibt im Prinzip lediglich zwei Gewißheiten: Eine Fonda ist asketisch. Und im Fünf-Sterne-Hotel mit dem Zusatz *Gran Lujo* dürften Ausstattung und Service in nichts zu wünschen übriglassen.

Ansonsten ist im Universum andalusischer Unterkünfte vieles vom Zufall abhängig. Selbst ausgesprochen preisgünstige Hostales bieten oftmals einen Charme, den anderswo die teuersten Hotels nicht erreichen. Wenn eine Pension in einem alten Bürgerhaus untergebracht ist, verlangt die Geschäftsleitung kaum je einen Aufpreis dafür, daß die Zimmer um einen reich bepflanzten Innenhof angeordnet sind, in dem ein in maurischem Stil verzierter Brunnen plätschert. Der Reisende fühlt sich mit etwas Glück wie in einer morgenländischen Variante der deutschen Kette »Romantik-Hotels« – zahlt aber ein Zehntel. Ob dann zum Beispiel auch die sanitären Standards so niedrig sind wie der Preis, ist eine Frage des Einzelfalls.

In Sevilla hatte ich einmal ein Zimmer in einer angenehmen kleinen Pension, wo die Nacht etwa den Gegenwert einer deutschen Kinokarte kostete. Ich war glücklich bis zu dem Moment, als ich bei der Rückkehr von einem Spaziergang feststellte, daß inzwischen eine Ameisenstraße quer durch das Zimmer verlief. »Du wirst etwas zu essen im Zimmer haben«, sagte der junge Mann ungerührt, der vor dem Fernseher im Wohnzimmer seiner Eltern den Rezeptionisten mimte. (Daß er mich so vertraulich anredete, war übrigens kein Zeichen eines Mangels an Respekt, sondern reihte sich in die spanische Gewohnheit ein, Gesprächspartner sehr großzügig zu duzen.) Anschließend zeigte er mir, wo ich den Schinken, den ich bis dahin im Gepäck hatte, entsorgen konnte und reichte mir eine Sprühdose mit Insektenvertilger. Die Selbstverständlichkeit seiner Handbewegung bewies mir, daß er nicht zum ersten Mal einem Gast auf diese Weise half. Dieses Erlebnis lehrte mich, daß man mit preisgünstigen Zimmern richtig umgehen können muß. Beispielsweise sollte man zum Verzehr bestimmte Mitbringsel erst unmittelbar vor der Heimreise kaufen.

Die strahlend weißen Fassaden und malerischen Innenhöfe vieler Unterkünfte in Andalusien bergen generell ein Risiko. Sie lassen einen manche Vorsichtsmaßnahme und Bedenken bei der Zimmersuche vergessen. Ruhebedürftige Reisende sollten prüfen, ob auch Nicht-Andalusier den Geräuschpegel in der angestrebten Unterkunft ertragen. Die Lärmtoleranz dieses Volkes ist wie die vieler Spanier aus anderen Teilen des Landes ganz erstaunlich. Das erklärt auch die Tatsache, daß andalusische Hotels über eine notorisch schlechte Schallisolierung verfügen. Ob sie im konkreten Fall ausreichend ist, läßt sich oft nur im Selbstversuch erkunden. Wer dabei eine nennenswerte Summe Geld in seine Unterkunft investieren möchte, ist manchmal gut beraten, wenn er nicht nur den frisch geweißelten Wänden vertraut oder der geschmackvollen Mischung aus Ritterrüstungen und arabischen Krummsäbeln in der Lobby.

Ein einziges Mal ließ ich mich in Sevilla von eben solchen Accessoires beeindrucken und reservierte ein reichlich hochpreisiges Zimmer für mehrere Nächte. Seitdem habe ich mir zur Gewohnheit gemacht, was ich früher für den Inbegriff des Spießertums hielt: Ich lasse mir das Zimmer zuerst zeigen. Denn jenes sevillanische Hotel verbarg jenseits der feinen Lobby Quartiere, die alles aufboten, was man sich auf Reisen nicht wünscht, von der hundertprozentigen Teilhabe an allen akustischen Ereignissen vor Tür und Fenster, über einen Schwarm toter Fliegen auf dem Boden bis hin zum erblindeten Spiegel im Bad samt defektem

Duschkopf. Weil ich das vorher reservierte Zimmer zur Zeit der *Feria de Abril* bezog, war der kurzfristige Wechsel in ein anderes Hotel, ein Hostal, eine Pensión oder Fonda leider undenkbar.

Was Ausstattung und Service angeht, lassen sich also kaum allgemeine Aussagen über andalusische Hotels machen, zumal sie vor allem im Binnenland meist im Besitz einer einzelnen Familie oder einer relativ kleinen GmbH sind. Daneben gibt es in den großen Städten einige Dependancen der einschlägigen überregionalen Ketten, die sich mit Erfolg bemühen, einen einheitlichen Standard bei der Bestückung der Bäder mit Seife und Einmalzahnbürsten zu gewährleisten. Ebenso erfolgreich vermitteln sie dem Gast bei einer Übernachtung in Granada das gleiche Wohngefühl wie in Tokio. Einen erfreulichen Kontrast dazu bildet die staatliche Hotelkette *Paradores*. Ihre Niederlassungen im gesamten spanischen Staatsgebiet zeichnen sich ebenfalls durch einheitliche Seifenstückchen aus. Darüber hinaus haben diese Hotels aber jeweils einen recht eigenen Charakter, bisweilen einen ganz bezaubernden.

Die *Paradores* erfüllen seit ihrer Gründung einen doppelten staatlichen Auftrag. Zum einen sind sie in historischen Gebäuden untergebracht. Dank dieser Nutzung wird wenigstens ein Teil der sonst vom Verfall bedrohten Bausubstanz der Burgen (wie in Jaén oder Carmona), Klöster (wie in Granada) oder Rathäuser (wie in Ronda) bewahrt. Der Substanzerhalt fiel zwar nach Ansicht mancher Denkmalschützer häufig etwas mager aus. Doch je nachdem, in welchem *Parador* er absteigt, hat der Gast die Gewähr, auf den Spuren maurischer Kalifen oder christlicher Condes zu wandeln. Die Entscheidungsfreude der Architekten bei der Umwandlung der Baudenkmäler in Hotels mit drei bis fünf Sternen hat für den Reisenden den Vorteil, daß er neben dem historischen bis historisierenden Ambiente alle Vorzüge einer Luxusunterkunft genießt.

Der zweite Auftrag der *Paradores* ist es, Gegenden für den Tourismus zu erschließen, von denen der spanische Staat früher glaubte, daß sie Strukturhilfen in Form eines mehr oder minder luxuriösen Hotels benötigen. Diejenigen *Paradores*, die ausschließlich diese Funktion erfüllen, sind in der Regel in modernen Gebäuden untergebracht. Um den Mangel an architektonischen Reizen auszugleichen, sind sie meist in einer besonders bevorzugten Lage errichtet. Die Wurzeln der Paradores als staatliche Maßnahmen zur Strukturentwicklung und zum Denkmalschutz erklären noch einige andere ihrer Eigenheiten. Die Preise sind im Vergleich zur gebotenen Leistung gewöhnlich günstig, Profit ist schließlich nicht der alleinige Geschäftszweck der Kette. Damit geht leider ein anderes Phänomen einher: Gerade die älteren Jahrgänge des Personals haben manchmal eine etwas eigenwillige Auffassung von einem Dienstleistungsberuf. Das Gefühl, für den Staat zu arbeiten, ließ in früheren Jahrzehnten bei manchen Beschäftigten die Serviceorientierung etwas verkümmern. »Wir arbeiten daran«, erklärte mir ein PR-Beauftragter der *Paradores*.

Neben dieser staatlichen Hotelkette bieten in Andalusien eine wachsende Zahl von Zusammenschlüssen privater Gastbetriebe ebenfalls einen ordentlichen Standard zu annehmbarem Preis. Die *Asociación de Hoteles Rurales de Andalucía* (Verbund andalusischer Landhotels) beispielsweise zeigt, daß sich die Grundidee der *Paradores* auch in der Privatwirtschaft verwirklichen läßt: gepflegte Unterkünfte in historischen oder reizvoll gelegenen Gebäuden.

Eine bizarre Steigerung dieser Idee findet sich zwischen Antequera und Granada. Einer Fata Morgana gleich, schmiegt sich ein Dörfchen in die Landschaft, so unglaublich weiß und sauber, daß es sogar das weißeste der andalusischen Dörfer übertrifft. Die Häuser samt einem kirchenähnlichen Gebäude sind Bestandteil eines einzigartigen Hotelkomplexes, der sich als »eine Philosophie« versteht, wie der Architekt erläutert. Jedenfalls kann sich die Anlage mit fünf Sternen und dem Prädikat *Gran Lujo* schmücken.

Das habe ich bislang nur in Andalusien erlebt: Eine Zufluchtsstätte für all jene, die die echte Lebensart der Einheimischen jenseits der betonierten Küsten suchen.

Doch weil die Orte, wo Andalusier leben, ja das Risiko bergen, daß eine lärmende Kneipe oder ein miefender Hühnergrill den Genuß des Echten stören könnte, bauen wir uns lieber ein andalusisches Dorf ohne Andalusier. Diese Idylle hat ihren Preis. Eine Übernachtung kostet so viel wie anderswo die Monatsmiete einer Vierzimmerwohnung.

Eines wenigstens erkaufen sich die Gäste damit: Sie können sich in einer der gängigen Touristensprachen verständlich machen, das heißt in jedem Falle auf Englisch, wohl auch auf Französisch oder Deutsch. In anderen Hotels sind Sie hingegen gut beraten, wenn Sie ein oder zwei Worte der Landessprache parat haben. Und Sie sollten sich auf die Besonderheiten des andalusischen Spanisch einrichten.

Sprechen Sie Spanisch?
Verständigung und Patriotismus in Andalusien

D er aufgeklärte, moderne Reisende eignet sich
gerne einige Grundkenntnisse der Sprache seines
Ziellandes an. Die Anreise nach Andalusien ist für
denjenigen, der sich bemüht hat, im Vorfeld Spanisch
zu lernen, erst einmal eine Durststrecke – zumindest
wenn er mit dem Auto unterwegs ist. Es gibt zwei
gängige Routen, eine nordwestliche über das Baskenland und weiter durch Zentralspanien und eine süd-
östliche über Katalonien. In beiden Fällen sind nach
dem Überschreiten der Grenze nur wenige Schilder
und Inschriften mit rein spanischem Wortlaut anzu-
treffen. Das Baskenland und Katalonien haben ihre
eigenen Sprachen, die dort mit großem Eifer gepflegt
werden. Manchen Basken und Katalanen ist ihre kulturelle Identität so wichtig, daß sie spanische Textele-
mente auf zweisprachigen Straßenschildern überpin-
seln oder großflächig mit Farbspray überdecken. Die
Katalanen begnügen sich mit dieser Form der Gewalt
gegen Sachen. Die baskische Separatistenorganisation
ETA hat sich jenseits des Vandalismus mit Anschlägen

ganz anderer Kategorie einen Namen gemacht. Der Terror der ETA und die repressiven Gegenmaßnahmen des spanischen Staates sind Themen, mit deren Studium man ein ganzes Leben verbringen kann oder auch sein Leben beenden kann, wenn man nach Ansicht der ETA oder übereifriger Polizisten zu falschen Ergebnissen gelangt. Als ob sie die Absurdität ihres Tuns noch unterstreichen wollten, morden die *Etarras* mitunter auch in Andalusien – tausend Kilometer vom Baskenland entfernt.

Touristen können sich immerhin damit trösten, daß sie in der zynischen Logik der Mörder üblicherweise nicht als lohnende Opfer gelten.

Ein gewisser Trost mag es auch sein, daß es der ETA trotz jahrelanger Bemühungen nicht gelungen ist, Spanien in eine Bürgerkriegsatmosphäre zu stürzen. Wer einen Stopp im Baskenland einlegt, wird sehr viel Normalität finden. Und er wird feststellen, daß die Menschen im Alltag, allem Separatismus zum Trotz, überwiegend das sprechen, was im Ausland als Spanisch unterrichtet wird. Sobald die Einheimischen allerdings auf Baskisch umschalten, ist kein Wort mehr zu verstehen. Dieses Idiom ist mit keinem anderen in Europa verwandt, nicht einmal entfernt. Frustrierender sind Lauschversuche für jenen, der sein Spanisch erproben will, auf der Reiseroute durch Katalonien. Hier mag er erahnen, daß es wohl zur romanischen Sprachfamilie gehört, was die Menschen reden. Aber Katalanisch ist nun mal eine eigene Sprache und will in einem eigenen Sprachkurs erlernt sein. Wer die

Fahrt am Mittelmeer fortsetzt, wird auch in der südlich anschließenden Comunidad Valenciana fast ausschließlich Schilder im katalanischen Dialekt *Valenciá* sehen. Auch hier wird es oftmals schwierig sein, spanische Elemente aus dem herauszufiltern, was die Leute sprechen. Sie sollten sich dennoch getrauen, Ihre Spanischkenntnisse anzuwenden. Natürlich versteht jeder Einwohner des Landes die Sprache von Cervantes und Julio Iglesias, selbst wenn sich manche erst bitten lassen. Doch davon später.

Der fleißige Spanischschüler wird erleichtert aufatmen, wenn er viele hundert Kilometer nach der spanischen Staatsgrenze die Regionalgrenze von Murcia überschreitet, um kurz darauf in die autonome Region Andalusien einzureisen. Denn dort endet zu guter Letzt der katalanische Sprachraum, und spanisches Sprachgebiet beginnt. Doch die Erleichterung könnte bald einer gewissen Ernüchterung weichen. Denn womöglich kommen Ihnen die Sätze, die Sie in Andalusien hören, überhaupt nicht spanisch vor.

Theoretisch gehört Südspanien zum Einzugsbereich der Sprache, die allgemein als Spanisch bekannt ist. Im Land wird sie auch als *Castellano* bezeichnet, was die Wirklichkeit genauer beschreibt als *Español*. Denn es handelt sich um die Sprache, die zunächst die Kastilier aus dem Lateinischen entwickelten, um sie dann mit der Vertreibung der Mauren von der Halbinsel bis nach Andalusien hineinzutragen. Und die renommierten Sprachwissenschaftler Berschin, Fernández-Sevilla und Felixberger behaupten: »Verglichen mit dem Deutschen ist das Kastilische dialektal nicht gefächert.« Im Anschluß daran zählen die Forscher unbeirrt ein halbes Dutzend Grundmerkmale auf, die das andalusische Kastilisch vom eigentlichen Castellano unterscheiden. Und diese kurze Aufzählung ist bei weitem nicht vollzählig. Andere Autoren haben dicke Bücher gefüllt, in denen sie die Eigenheiten auflisten, die das Kastilische Andalusiens vom Kastilischen Kastiliens trennen. Sie sollten sich also geistig darauf vorbereiten, daß Ihnen etliche sprachliche Eigentümlichkeiten zwischen Huelva und Almería begegnen werden.

Ganz allgemein zeichnet sich das Spanische in Andalusien durch etwas aus, was Sprachwissenschaftler freundlich als Fortschrittlichkeit oder auch Sprachökonomie bezeichnen. Das heißt, die Andalusier kommen beim Sprechen mit weniger Silben und Lauten als andere Spanier aus. Wir würden dazu sagen, sie verschlucken die Silben. In Spanien spricht man von »aufessen«. Beide Begriffe treffen die Realität nur bedingt. Andalusier essen Silben nicht auf und verschlucken sie nicht – sie lassen sie vielmehr aus dem stets leicht geöffneten Mund fallen, so daß man sie nicht oder nur kaum hört.

Opfer dieses sparsamen Umgangs mit artikulatorischer Energie werden vor allem die Enden von Silben oder Wörtern. Ich will nicht tiefer in sprachwissenschaftliche Erörterungen einsteigen, es soll genügen, wenn ich dieses Phänomen mit einem kurzen Beispielsatz erläutere, den ich dem Büchlein *Las hablas an-*

daluzas – »Die andalusischen Sprechweisen« entnommen habe. Wie der Titel verrät, gibt es davon zu allem Überfluß etliche. Nun zum Beispielsatz. Er gibt den Ausdruck des Entsetzens wieder, wenn Familienmitglieder die Speisekammer geplündert haben, so daß nichts mehr zu essen im Hause ist, auf deutsch: »Die haben das ganze Brot aufgegessen.« Im Normspanischen läßt sich dieser Gedanke in den Worten formulieren: *Se han comido todo el pan.* Auf Andalusisch bleibt davon nicht mehr viel übrig, nämlich folgendes: *S'han comío to'l pa^n.* Wobei das letzte *n* mehr gedacht als gesprochen wird.

Daß die Endsilben verschwinden und verkürzt werden, klingt trotz dieses Beispiels möglicherweise nicht wirklich dramatisch. Schließlich finden wir es auch durchaus noch verständlich, wenn uns jemand im deutschen Sprachraum mit »N'Ahmd« begrüßt. Im Spanischen liegen die Dinge aber etwas anders. Denn hier spielen die Wortendungen eine zentrale Rolle in der Grammatik. Die Wortenden zeigen so ziemlich alles an, was wichtig ist in einer Sprache: Ob wir in der Einzahl oder Mehrzahl sprechen oder von welcher Person gerade die Rede ist und in welcher Zeitstufe wir uns befinden. Der eifrige Spanischschüler, der sich alles das mühsam angeeignet hat, kommt in Andalusien regelmäßig ins Schwimmen. Sprachbücher klären ihn darüber auf, daß die Andalusier zwar Konsonanten in nicht geringer Zahl wegfallen lassen. Dafür, verheißen sie ihm tröstend, seien die Vokale anders gefärbt und würden mitunter gedehnt, um zum Beispiel die

Mehrzahl zu bilden. Doch für solche Feinheiten braucht es ein geschultes Gehör, hohes Einfühlungsvermögen und einiges an Geduld.

Immerhin können sich Menschen mit einem speziellen Sprachfehler in Andalusien eventuell recht wohl fühlen. In ganz Spanien ist es Aussprachenorm, einige Laute zu lispeln, das *z* zum Beispiel immer und das *c* vor einem *e* oder *i*, also in Wörtern wie *cerrado* (geschlossen) und *cinco* (fünf). Viele Andalusier beschränken sich aber nicht nur auf diese Norm-Lispellaute, sie lispeln, sobald die Zunge in die Nähe der Zähne kommt. *Ceceo* mit zweimal gelispeltem *c* ist der Name dieser Erscheinung. Sie führt dazu, daß es nicht immer eindeutig ist, ob ein Andalusier über ein Haus spricht (*casa* – im kastilischen Kastilisch mit einem stimmlosen *s*) oder über die Jagd (*caza* – nach den Norm-Aussprachregeln mit Lispellaut). In anderen Gegenden Andalusiens hingegen herrscht der *Seseo*. Hier tun sich die Einheimischen reichlich schwer damit, die Zunge zwischen die Zähne zu schieben, und sprechen, wo sie nur können, ein stimmloses *s*. Was wiederum die – im Hochkastilischen problemlose – Unterscheidung zwischen Haus und Jagd schwierig macht. Glücklicherweise ist hier ja meist aus dem Zusammenhang ersichtlich, worum es geht. Eine Einladung ins Haus ist selten mit einer Einladung zur Jagd zu verwechseln. Auch die beliebte Bemerkung, daß es im Andalusischen keinen Unterschied gibt zwischen jagen (*cazar*) und heiraten (*casar*), bringt im Alltag kaum wirkliche Probleme mit sich.

Nur selten entstehen Verständigungsschwierigkeiten durch die andalusische Sitte, den Laut *l* durch ein *r* zu ersetzen. So kann die Beteuerung eines Andalusiers, daß ihm etwas in der Seele weh tut, so klingen, als ob es ihn in der *Waffe* schmerzt – *Lo siento en er arma* statt *Lo siento en el alma*.

In der Konversation über das Wetter, Zimmerpreise, die Qualität des Essens oder die allgemeine Weltpolitik führen die andalusischen Sprachspezialitäten höchstens in Ausnahmefällen zu Mißverständnissen, die in peinlichen Situationen oder gar Verstimmungen enden könnten. Vielmehr scheitert die Kommunikation meistens bereits vorher komplett. Ich will die Probleme nicht dramatisieren, auch wenn es Zeit und Mühe kosten mag, sind die Eigenarten des andalusischen Spanisch doch überwindbar. Dennoch sollten Sie gründlich abwägen, falls Sie vorhaben, einen Sprachkurs zu absolvieren und eventuell zu diesem Zweck eine der vielen Sprachschulen in Granada, Sevilla, Málaga oder in einem der Badeorte an der Küste auswählen möchten. Dafür sprechen zweifellos gute Gründe. Das angenehme Klima in diesen Orten natürlich und ihre Schönheit. Aber wenn im Unterricht Normspanisch das Thema sein sollte, wird eine Lücke klaffen zwischen dem, was Sie im Sprachlabor üben, und dem, was Sie auf der Straße hören.

Manch einer wird sogar bewußt in die Besonderheiten des andalusischen Spanisch eindringen wollen. Denn er hofft, daß sich ihm damit eine besondere Welt eröffnet. Das Andalusische genießt den Ruf, ausgesprochen emotionsgeladen, tiefgründig und vielfältig zu sein. So attestiert der Übervater der Hispanistik, Rafael Lapesa, dieser Variante des Spanischen, sie sei »die passende Gußform für Einfallsreichtum und Übertreibung, für feinen, leichten Witz und ungezähmte Ausdrucksstärke«. Außerdem folgen diese Sprachschüler der linguistischen Theorie, wonach das andalusische Spanisch den Sprachvarianten nahe steht, die in Lateinamerika verbreitet sind. Die bewußten Andalusisch-Lerner versprechen sich dadurch geringere Anpassungsschwierigkeiten, wenn sie einmal Argentinien, Peru oder Mexiko besuchen sollten.

Sie dürfen sich bei solchen Hoffnungen allerdings nicht darauf verlassen, daß die Lehrer vor Ort Ihnen wirklich ein deutlich andalusisch gefärbtes Spanisch beibringen. Jeder Sprachlehrer auf der Welt sollte es als seine Aufgabe ansehen, den Schülern erst einmal die Normvariante einer Sprache zu vermitteln; den Dialekt eignet sich der Sprachbegeisterte schon selbst vor Ort an. Das Lehrpersonal in Andalusien pflegt diese Maxime besonders gewissenhaft zu beherzigen. Denn die südliche Variante des Kastilischen leidet darunter, daß sie mit dem Stereotyp des bäuerlichen und wenig gebildeten Andalusiers in Verbindung gebracht wird. Es ist kein Zufall, daß das spanische Pendant der Ostfriesenwitze in Andalusien angesiedelt ist. Bevorzugte Zielscheibe des Spotts sind die Bewohner des Städtchens Lepe in der Provinz Huelva: »Woran erkennt man bei einem Schachturnier einen Teilnehmer aus Lepe? Er mischt die Figuren vor dem Spiel.« Weniger einfallsreiche spanische Regisseure bedienen sich des Kunst-griffs, Charaktere, die eine gewisse Debilität ausstrahlen sollen, mit andalusischem Akzent sprechen zu lassen. Schauspieler aus Nordspanien sollen sich dafür schon eigens einer speziellen Schulung unterzogen haben.

Es ist ein wenig paradox, daß den Andalusiern sprachliche Defekte unterstellt werden. Denn es war einer von ihnen, der im Jahr 1492 die erste kastilische Grammatik veröffentlichte: Elio Antonio de Nebrija. Doch schon ihm warf der Schriftsteller Juan de Valdés bald darauf vor, er schreibe und spreche »wie in Anda-lusien und nicht wie in Kastilien«.

Der sprachlichen Blasiertheit ihrer nördlichen Landsleute überdrüssig, hat die andalusische Regional-regierung jüngst nach den »Gründen für die Gering-schätzung unserer Art zu sprechen« gesucht. Greifbare Ergebnisse hat sie nicht gefunden, einen grundlegen-den Prestigewandel hat sie mit ihrer Untersuchung ebensowenig erreicht. Auch lokale Fernseh- und Ra-diosender möchten das Image des Andalusischen ver-bessern. Sie setzen auf die Macht der Gewohnheit und beschäftigen Sprecherinnen und Sprecher mit hörba-rem Dialekteinschlag. Im Eifer des Gefechts haben sie aber übersehen, daß kaum ein Nordspanier die Mög-lichkeit hat, geschweige denn gewillt ist, sich über *Ca-nal Sur* zu informieren, was in der Welt vor sich geht. Damit bleibt diese Maßnahme zwangsläufig linguisti-scher Inzest. Dem Ansehen des Andalusischen hat es nicht einmal geholfen, daß es etliche Jahre die Sprache des Regierungschefs war. Felipe González gab sich in seiner Zeit als Ministerpräsident in Madrid wenig Mühe, seine sevillanische Herkunft zu kaschieren. Vielleicht lag es ja am Gehalt seiner gelispelten und gehauchten Regierungserklärungen, daß sie keine Andalusierung des Kastilischen auszulösen vermochten.

So wie kaum jemand sich brüstet, wenn er andalusischen Dialekt spricht, ist der autonomen Region Andalusien der für andere Teile Spaniens typische Lokalpatriotismus weitgehend unbekannt. Natürlich gibt es einzelne Eiferer wie den Zeitungskolumnisten Juan Félix Bellido. Er leidet daran, daß es bloß einen einzigen offiziellen Andalusien-Tag im Jahr gibt, den 28. Februar. Diesen Notstand beklagt Bellido pathetisch und fordert: »365 Tage, jeden für sich, einen nach dem anderen, an dem wir andalusisch leben, andalusisch fühlen, andalusisch leiden, andalusisch kämpfen, andalusisch aufbauen. In diesem magischen und mißachteten Andalusien, reich und ausgeraubt, wissend und so vergeßlich, das in der Stille weint, doch um es zu leugnen, schallend lacht.«

Solche lokalpatriotischen Wallungen sind, wie gesagt, einzelne Ausreißer. Die meisten Andalusier wissen, daß wirtschaftlich und politisch die Musik eher in Madrid und Barcelona spielt als in Sevilla oder Córdoba. Um so mehr würdigen sie es als noble Geste der Zentralregierung, daß sie ihnen zum Beispiel die Weltausstellung 1992 in Sevilla zugestand. Auch das spanische Königshaus bezeugte den Andalusiern seine Wertschätzung, als die Infantin Elena die Regionalhauptstadt im Jahr 1995 als Ort ihrer Trauung wählte. Diese Ent-

scheidung sollte freilich nicht allein das Selbstwertge-
fühl der Andalusier nähren. Das Großereignis in der se-
villanischen Kathedrale auszutragen hatte auch einen
praktischen Aspekt: Sie ist das platzreichste Gotteshaus
in Spanien. So oder so – in der Rolle des Aschenputtels
sehen sich die Andalusier jedenfalls nicht. Auf die Frage,
welcher Nation sie sich zuordnen, antworten hier höchstens 5 Prozent der Befragten »Andalusien«, der Rest
entscheidet sich für »Spanien«. Im Baskenland und in
Katalonien käme ein solches Umfrageergebnis einer
kollektiven nationalen Selbstverleugnung gleich.

Wie in Bilbao oder Barcelona wehen auch in Huelva oder Almería oft Flaggen in den Regionalfarben.
Gewöhnlich aber flattert die grün-weiße Fahne Andalusiens aus rein ästhetischen Gründen und nicht etwa
wegen unterschwelliger separatistischer Tendenzen.
Schließlich bekennt sich die autonome Region in dem
Motto ihres Wappens zu weiteren Horizonten als nur
dem der Gebirgskette Sierra Morena. *Andalucía por sí,
para España y la Humanidad* heißt es da: »Andalusien
für sich, für Spanien und für die Menschheit.« Selbst in
der Politik gibt es nur wenige, die den Blick stärker
auf die eigenen Angelegenheiten richten wollen. Die
auf Autonomie pochende *Partido Andalucista* ist zwar
regelmäßig an der Regionalregierung als Juniorpart-
ner beteiligt, spielt aber traditionell eine untergeord-
nete Rolle.

Dieser Mangel an Regionalstolz hat für Reisende
durchaus Vorteile. Im katalanischen Tarragona ist es
mir passiert, daß eine Museumsangestellte völlig ver-

ständnislos war, als ich fragte, ob neben den katalanischen Erklärungen zu den Öffnungszeiten nicht auch eine spanische Version ein freundlicher Service für die Besucher wäre. Zu einer solchen Beschriftung gebe es keinen Anlaß, beschied sie mir. Wer die Schilder am Eingang verstehen wolle, müsse sich des Katalanischen befleißigen. Als ich daraufhin einwand, daß es doch eine lobenswerte Leistung sei, wenn ein Tourist die Mühe auf sich nimmt, Spanisch zu lernen, um sich auf spanischem Staatsgebiet in dieser Sprache zu verständigen, konnte sie dieser Argumentation in keiner Weise folgen und erklärte mir, wir seien eben nicht in Spanien, sondern in Katalonien. Und wer wisse, daß *cerrado* geschlossen heißt, dem helfe das hier leider gar nichts. Er werde schnell lernen, daß der Katalane dazu *tancat* sagt. Diese Form des Chauvinismus wird Ihnen in Andalusien nicht begegnen.

Die Andalusier haben es gar nicht nötig, chauvinistisch zu sein, was ihre Sprache oder ihre Kultur betrifft. Sie wissen ja, daß vieles, was im Ausland mit Spanien in Verbindung gebracht wird, eigentlich andalusisch ist. Und nicht nur Ausländer denken so. Auch der Dichter Federico García Lorca war der Ansicht, daß nicht Andalusien ein Teil Spaniens sei, sondern vielmehr Spanien und der gesamte spanischsprachige Kulturraum eine Erweiterung Andalusiens. Damit lag er wohl nicht ganz falsch. Die kulturellen Eigenheiten, die vielen Spaniern am wichtigsten sind, haben ihre Wurzeln in Andalusien, wie Sie in den folgenden Kapiteln feststellen können.

Ay! Aayy! Aaayyy!

Flamenco: Die Musik, die wir nie ganz verstehen werden

*E*in Andalusienaufenthalt ohne Flamenco-Erlebnis ist wie eine Sangría ohne Rotwein. Sicherlich, einige arabisierende Gitarrenklänge und eigentümlicher Gesang werden Ihnen überall im Land zu Ohren kommen. Wenn Sie aber nichts über brüchige Sängerstimmen und wirbelnde Kleider zu berichten wissen, werden Sie bei den Lieben daheim wahrscheinlich größere Verwunderung auslösen als jemand, der sich in Las Vegas nie an einem Spielautomaten versucht hat, oder als jemand, der nach Rom gereist ist, ohne einen Blick auf den Petersdom zu werfen. Andalusien und Flamenco gehören zusammen wie Costa del Sol und Sonnenbrand. Der spanische Volkskundler Isidoro Moreno erkennt im Flamenco-Gesang »eines der wichtigsten Identitätsmerkmale des andalusischen Volkes«. Die Regionalregierung sieht im Flamenco den »Bannerträger Andalusiens«. Damit sind leider zwei Grundfragen nicht geklärt: Was ist Flamenco? Und wie soll der Fremde mit ihm umgehen?

Ich will jetzt hier nicht die Erläuterungen wiederholen, die in allen Reiseführern zu lesen sind darüber, daß schon die Herkunft des Wortes *Flamenco* umstritten ist. Es bedeutet eigentlich »flämisch« – und aus Flandern kommt diese Volkskunst bestimmt nicht. Ich will mich auch keinesfalls in musikhistorischen Betrachtungen ergehen über die zigeunerisch-indischen, arabisch-maurischen, jüdisch-sephardischen, ibero-andalusischen Wurzeln des Flamenco oder an Definitionenversuchen, wie es ein Journalistenkollege von der *Frankfurter Allgemeinen* bereits im Jahr 1968 unternommen hat – »Vielfalt festgefügter Formen mit Enklaven spontaner Improvisation, modale Deszendenzmelodik, gutturale Tonbildung und streng geregelte archaische Stampffiguren«. Denn hier kommen wir nicht weiter. Ich beschränke mich auf zwei Feststellungen. Erstens: Nicht jede Mischung von Gitarren und kehligen Stimmen, die in Andalusien aus den Lautsprechern von Restaurants, Eisbuden oder Flamenco-Lokalen dringt, ist Flamenco. Zweitens: Der Flamenco ist nicht nur Musik oder Tanz, sondern Musik oder Tanz plus eine spezifische Zutat: den *duende*.

Und was, bitte, ist dieser *duende*? werden Sie fragen. Nun, er ist jedenfalls nicht ein »Kobold«, wie ein weitverbreitetes Spanisch-Deutsches Wörterbuch als Übersetzung vorschlägt. Die Erläuterung der Königlichen Spanischen Sprachakademie ist hier ungleich treffender: »Ein mit Worten nicht zu beschreibender mysteriöser Zauber.« Glauben Sie bitte nicht, ich wollte mich elegant aus der Affäre ziehen mit der Aussage, der *duende* lasse sich mit sprachlichen Mitteln

nicht erklären. Ich kann nur sagen, die ein- oder zweimal, bei denen ich das Gefühl hatte, jetzt sei bei einem
Flamenco-Ereignis der *duende* im Raum, spürte ich es
daran, daß ich merkte: Jetzt gehöre ich endgültig nicht
mehr dazu.

Es ist tatsächlich so, als ob ein anderes Wesen in den
Raum tritt, das die Gesichter und Stimmen der Sänger
und Musizierenden verändert. Ich sage bewußt nicht:
die Stimmen der *Musiker*. Denn der *duende* legt keinen
Wert auf Profis. Er sucht sich Menschen, die er in eine
Art Trance versetzen kann, in der sie offenbar Gefühle
von einer schwindelerregenden Tiefe entwickeln.
Empfindungen, die uns Fremden in all ihrer Abgrün-
digkeit letztendlich verschlossen bleiben werden,
fürchte ich.

Ich weiß, eine Annäherung scheint zunächst gar
nicht so schwer. Obwohl die verschiedenen Formen
des traditionellen Flamenco rhythmisch und harmo-
nisch recht anspruchsvoll sind, kann, wer sich einige
Zeit es zu lernen bemüht, die Spielform *Soleá* mitklat-
schen. Er muß bloß einen Dreier-Rhythmus finden,
die für uns Mitteleuropäer üblichen Betonungsschemata
vergessen und statt in einzelnen Takten in Gruppen von vier Dreier-Takten denken. Schließlich muß
er die richtigen Betonungen verinnerlichen: Eins,
zwei, DREI / vier, fünf, SECHS / sieben, ACHT,
neun / ZEHN, elf, ZWÖLF. Nach fleißigem Selbststu-
dium und Flamenco-Workshops kann ich auf der Gitarre eine *Soleá* so spielen, dass sie durchaus als solche
zu erkennen ist, und auch ein paar Takte *Bulería*.

Dennoch muß ich gestehen: Der *duende* hat mir beim Klatschen oder beim Gitarrespielen noch nie die Finger geführt. Er wird es auch nie tun. Denn mit Fleiß und Eifer kann man ihm nicht imponieren. Falls er einmal in den Raum lugen sollte, in dem ich mich gerade befinde, wird er sich kopfschüttelnd von meinem blassen, blonden Brillengesicht abwenden, feststellen, daß ich viel zu verkopft bin, und vielleicht in einen anwesenden Andalusier eindringen. Ich darf mich schon glücklich schätzen, wenn der *duende* sich nicht bereits durch meine schiere Anwesenheit vertreiben läßt. Wenn er mich beobachten und belauschen läßt, wie sein Geist die anderen verkrampft und wieder entspannt, wie er sie ins Schwingen versetzt, in ungeahnte Höhen hebt, aus denen sie um so tiefer herabstürzen.

Die Schwierigkeit, sich dem gesungenen Flamenco zu nähern, hat nur bedingt damit zu tun, daß die Texte normalerweise schwer zu verstehen sind. Saubere Artikulation der Silben ist so ziemlich das letzte, was einen *cantaor,* also einen Sänger, bewegt. Wer erkennt, daß das langgezogene *Aaayyy* tatsächlich ein Schmerzensschrei ist und kein Ausruf der Begeisterung – das bereits zitierte verbreitete Wörterbuch schlägt »ach! oh! au!« als Übersetzung vor –, wer sich jedenfalls etwas tiefer in das *Aaayyy* einfühlt, hat schon etwas begriffen. Dann kann er vielleicht einzelne Textfetzen erhaschen, von der *gitana,* die dem Sänger das Herz bricht, oft ist es eine grausam unglückliche Liebe, die den *cantaor* beseelt: »Durch deine Liebe tut alles mir weh – die Luft, das Herz, mein Hut«, wie es der von seinen Fans als unsterblich verehrte Camarón de la Isla gesungen hat. Auch alles andere, was Leiden verursachen kann, fließt in die Texte ein: Armut, Schwierigkeiten mit der Arbeit, Krankheit oder eine ganz allgemein verzweifelte Weltsicht. »Alle bitten Gott um Gesundheit und Freiheit; ich erbitte von ihm den Tod, doch er will ihn mir nicht geben.« Freilich gibt es auch heller gestimmte Flamenco-Texte, von einer mitunter berückenden Poesie: »Mama, ich möchte einen Stern / und ich möchte den Mond / ich möchte ein grünes Rad / so grün wie die Olive.«

Nun kommen wir zu der Frage, ob sich der *duende* zum Beispiel in Fuengirola einer Flamenco-Truppe anschließt, die in der Bar eines Hotelhochhauses in bunten Kleidern herumwirbelt und zur Begleitung laut jammert. Oder ob er sich zur »täglichen folklorischen Schau« dazugesellt, die laut Werbefaltblatt »Künstler ersten Ranges« in einem *tablao*-Lokal in Sevilla aufführen: »Bei ihren Tanznummern kombinieren sie die Vielfältigkeit und die Ansehnlichkeit, um Ihnen ein Muster des reines und echtes Flamenco darzustellen.« Möglicherweise stellt sich der *duende* hier noch am ehesten mit auf die Bühne. Denn wer so schlechtes Deutsch schreibt, ist von der Seele des Flamenco vielleicht nicht ganz so weit entfernt wie andere *tablaos,* die in exzellentem Deutsch, Englisch und Französisch für ihren »Flamenco puro« werben, und daneben auf italienisch, polnisch, japanisch und hebräisch.

Ich will nicht in die mannigfaltige Schelte einstimmen, die den Flamenco-Bühnen eine zu grobe Kommerzialisierung vorwirft. Es ist leicht, über *tablaos* die Nase zu rümpfen und sie als »leichte, seichte und minderwertigste Form« des Flamenco abzuqualifizieren, wie das ein – von mir sonst geschätzter – Reiseführer tut. Man kann *tablaos* durchaus aufsuchen. Man darf dabei nur nicht dem Mißverständnis erliegen, hier könne man ohne weiteres Zeuge spontaner Gefühlsausbrüche werden, durch die der *duende* einen *cantaor* etwa zu einer unvergeßlichen *Siguiriya* befähigt. In einem *tablao* liefern künstlerische Dienstleister ein Produkt, und die Qualität dieses Produktes hängt von der Begabung und dem Berufsethos der Künstler ab. Und davon, ob sie zu den Menschen gehören, die dem Kitsch verfallen sind, oder zu jenen Begabten, die den *duende* auch einmal in eine Kommerzveranstaltung locken können.

Wie ich bereits erläutert habe, läßt sich dieser Geist nicht herbeizwingen, er ist höchst eigenwillig. Desto mehr widerspricht es ihm natürlich, wenn in den einschlägigen Lokalitäten allabendlich streng nach Programm je einmal die Lied- und Tanzformen *Alegrías, Soleá, Taranto, Siguiriya, Garrotín* und *Caña* zum besten gegeben werden. Diese *duende*-feindlichen Aspekte der *tablaos* haben für uns Besucher immerhin den Vorteil, daß wir wissen, was gerade erklingt. Wir zahlen für eine wohlgeordnete Vorführung und erhalten als Randprogramm sogar etwas zu essen sowie ein Freigetränk. Und schließlich wissen wir, wann wir wieder zu Hause sein werden. Ganz anders verhält es sich bei einer improvisierten Flamenco-*juerga,* da könnten Sie hungrig bleiben, und das Ende ist nicht vorhersagbar. Die *juerga* beginnt unter Umständen erst um elf Uhr abends oder auch um ein Uhr in der Frühe. Und wann Sie in Ihr Bett kommen, hängt ganz von der Ausdauer des *duende* ab.

Ich weiß nicht recht, ob ich Ihnen wirklich empfehlen soll, den *duende* jenseits der kommerziellen Flamenco-Angebote aufzuspüren. Die Suche könnte erfolgreich sein, das Fremdenverkehrsbüro von Jerez de la Frontera etwa verteilt Stadtpläne, in denen die Kneipen in »Flamenco Atmosphere Areas« ausführlich gekennzeichnet sind. Doch es wäre möglich, daß Sie den *duende* durch Ihre Suche vertreiben – wenn Sie zum Beispiel von faszinierenden Klängen in eine Bar gelockt werden, wo sich ein Automechaniker feierabends in einen begnadeten *cantaor* wandelt. Er schreit sich seinen ganzen Ärger mit dem Chef von der Seele – als Sie durch Ihr Eindringen prompt die im Gange befindliche *juerga* sprengen.

Und sollte der *duende* bei so einem Flamenco-Ereignis durch das Auftauchen der Nordlichter (aus andalusischer Perspektive sind wir das alle) nicht verscheucht werden, dann könnte das, was Sie hören und sehen, etwas Verstörendes haben. Ein wirklich ekstatischer *cantaor* kann unvorbereitete Zuschauer geradezu verängstigen. Ich habe noch keinen Landsmann getroffen, der Schallplattenaufnahmen der Flamenco-Götter Pepe de la Matrona oder Camarón de la Isla ohne längere Gewöhnung als gut hörbare Musik empfunden hätte. Eher schon klagten deutsche Freunde, denen ich solche Platten zum ersten Mal vorspielte, hinterher über Kopfschmerzen. Der Flamenco, der sich zu Recht als *puro* bezeichnet, bedarf also eines vorsichtigen Herantastens.

Wenn Sie diese Mühe auf sich nehmen wollen, sollten Sie eines nicht vergessen: Es geht um ein ernstes Thema. Selbst Flamenco-Formen wie die *Alegrías,* die »Freude«, mögen unter Aufbietung aller einem Menschen möglichen Emotionen interpretiert werden. Deshalb sind sie aber nicht unbedingt heiter und ausgelassen. Das gilt auch für das Wesen vieler Künstler. Bei Konzerten des Großmeisters der Flamenco-Gitarre Paco de Lucía war ich jedesmal von neuem beeindruckt, daß er nie ein Lächeln über die Lippen brachte. Und ein Wort für das Publikum, sei es auch nur als Begrüßung oder zum Abschied, habe ich von ihm ebensowenig gehört. Paco nimmt seine Musik sehr ernst und steht damit nicht allein. Es gibt auch eine hochseriöse wissenschaftliche Beschäftigung mit dieser Musik, die *Flamencología,* die von den *Flamencólogos* betrieben wird. Am Centro Andaluz de Flamenco in Jerez de la Frontera wurde sogar eigens ein Lehrstuhl für dieses Fach eingerichtet, mit Professor und allem, was dazugehört.

Als durch und durch ernste Angelegenheit ist der Flamenco vor allem Männersache. Frauen können durchaus mit dabeisein, sie dürfen tanzen und nicht selten auch singen. Doch ein wirklich tiefgehender *Cante jondo* ist eher nichts für eine Frau. Und eine Gitarrenspieler*in* werden Sie mit Sicherheit nicht erleben. Lassen Sie sich nicht täuschen von Werbefotos buntgekleideter Zigeunerinnen, die Gitarren auf dem Schoß halten. Die Damen werden die Instrumente in der abendlichen Aufführung nicht anrühren. Gitarre spielen die Männer, sie singen auch, klatschen, tanzen. Männer können durchaus alle Formen besetzen. Ihre Dominanz im Flamenco ist bemerkenswert, wenn man bedenkt, daß es sogar in der einstmals rein männlichen Domäne des Stierkampfs inzwischen einige Frauen bis in die am höchsten angesehenen Arenen geschafft haben. Stierkampftuch und Degen dürfen sie in die Hand nehmen. An die Gitarre hingegen läßt man sie nicht, zumindest nicht auf der Bühne.

In der Arbeitsteilung zwischen Männern und Frauen ist der Flamenco also grundkonservativ. Ansonsten aber bemühen sich insbesondere junge Künstler um Neuerungen, vor allem um Austausch und Fusion mit anderen Musikrichtungen, vornehmlich Jazz und Pop. Paco de Lucía zum Beispiel hat immer wieder die Stilformen gewechselt und doch nie den Kontakt zum *duende* verloren, er kann stets mühelos zum Flamenco zurückkehren. De Lucía ist übrigens auch der beste Beweis dafür, daß Zigeunerblut oder ausgesprochen arabische Erbanlagen keine zwingenden Voraussetzungen sind, um guten Flamenco zu spielen oder zu singen – so hilfreich sie sein mögen. Paco jedenfalls ist für spanische Verhältnisse blond und definitiv kein *gitano,* sondern *payo.*

Neben den Grenzgängen angestammter Flamenco-

Musiker gibt es Fortentwicklungen, die gerne als »Flamenco Nuevo« zusammengefaßt werden. Was unter diesem Namen firmiert, hat für meine Begriffe nicht mehr viel mit der eigenständigen andalusischstämmigen Musik zu tun. Das muß kein Schaden sein, nett anzuhören ist vieles von Bands wie Ketama dennoch.

Der Flamenco ist eine komplexe Angelegenheit, die sich auf Anhieb keinem Fremden erschließt, den meisten nicht einmal beim zweiten, dritten oder hundertsten Versuch. Wer diese Herausforderung annehmen will, der kann sich über weniger ernste Varianten, die sich von den Wurzeln dieser Kunst längst entfernt haben, an den Flamenco herantasten. Die Gipsy Kings zum Beispiel haben, wenn sie sich auf die Spuren von Dean Martin und Frank Sinatra begeben und Titel wie »Volare« und »My Way« zur *Rumba gitana* umfunktionieren, mit dem *Flamenco puro* nicht mehr viel gemeinsam. Aber es sind Gitarren dabei und ein verschliffen gesungenes Zigeuner-Spanisch, zwei Zutaten, die einem echten Flamenco nicht schaden können. Und bei einer *Rumba* mitzuklatschen, ist nicht sonderlich schwer: (Eins), ZWEI, DREI, VIER usw.

Mit *duende*-haltigem Flamenco hat das natürlich nicht unbedingt viel zu tun. Dafür sind Leute wie die Gipsy Kings Profis, die ihre Arbeit gut erledigen. Solche ehrlichen Handwerker sollten Sie vielleicht aufsuchen, wenn Sie sich nach einem für den Einstieg geeigneten *tablao* umsehen. Falls Ihnen daran liegt, Kunsthandwerk zu fördern und Kitsch abzustrafen, dann vermeiden Sie die Läden mit allzu bunter Light-

Show, vermeiden Sie die Etablissements, die Ihnen neben dem Flamenco gleich noch Schleiertänze Marke Haremszauber mitliefern wollen. Und besuchen Sie nach Möglichkeit keine Vorstellungen, die vor Sonnenuntergang beginnen. Vertrauenswürdiger sind Veranstaltungen ab elf Uhr abends. Denn der *duende* ist ein Nachtwesen, und damit er die Gesichter von Touristen erträgt, muß er sich wenigstens schnell wieder in die Dunkelheit flüchten können.

Ebenfalls geeignet für eine Annäherung an die Klang- und Tanzwelt Andalusiens ist die populäre Musik der *Sevillanas,* die nicht mehr dem eigentlichen Flamenco, sondern der allgemeinen Folklore zuzurechnen ist. Dieser südspanische Tanz birgt allerdings für Außenstehende seine Tücken. In den Rhythmus kann man vermeintlich leicht einsteigen. Doch wo beim Ende einer Strophe, einer *copla,* eine Klatschpause angezeigt ist, muß mühsam erlernt werden. Ich habe es bis heute nicht richtig kapiert. Nachdem ich mir des öfteren böse Blicke eingefangen habe, verkneife ich es mir inzwischen tunlichst, mitzuklatschen. Das fällt mir um so leichter, seitdem eine deutsche Bekannte, die immerhin seit fünfzehn Jahren in Spanien lebt und professionell klassische Musik unterrichtet, mir gebeichtet hat, daß sie bei den *Sevillanas* nie weiß, wann sie mit dem Klatschen einsetzen muß.

Die Beschäftigung mit den *Sevillanas* lohnt aus einem weiteren Grund. Sie haben gegenüber anderen Flamenco-Spielarten einen ganz entscheidenden Vorteil, sie lassen sich mit etwas Glück beobachten, ohne daß die Zuschauer in die Intimität einer *juerga* oder *peña* eindringen müssen. *Sevillanas* brauchen keinen *duende,* den ein Außenstehender vertreiben könnte, und sie werden oft in Lokalen getanzt, die wenig mit Flamenco-Kneipen gemeinsam haben, aber viel mit Diskotheken. Und bei großen Festen verhalten sich die Andalusier und Andalusierinnen ganz nach dem Geschmack der Reisenden: sie tanzen in Festzelten, im Freien, an der Straßenecke – wann immer ihnen der Sinn danach steht und wir unsere Fotoapparate gezückt haben.

Über das Verhältnis vom Fotografen zum Einheimischen hinauszukommen ist bei andalusischen Fiestas jedoch nicht immer einfach, wie Sie im folgenden Kapitel sehen werden.

Haltung bewahren und dann umfallen
Feste in Andalusien

Die erste Begegnung mit einem großen andalusischen Fest, wie der *Feria de Abril* in Sevilla, ist gut geeignet, den Besucher in einen Rauschzustand zu stürzen. Plötzlich ist alles geboten, was die Reisebücher versprochen haben: rassige junge Frauen in knallbunten Kleidern mit roten Stoffblumen in straff zurückgebundenen Haaren. In Pferdekutschen lassen sie sich zu Hunderten und zu Tausenden vom Stadtzentrum zum ausgedehnten Festareal am anderen Ufer des Guadalquivir fahren. Da stehen sie dann in der Nachmittagssonne, von irgendwo her dringen Klänge der Volksmusik der *Sevillanas*. Überall bilden sich Gruppen von Mädchen, die im Rhythmus mit den Fingern schnippen und langsam im Kreis tanzen. Wie ein Ballett aus dem Morgenland mutet es an, wenn sie mit den Händen Spiralen in die Luft zeichnen, während sie die Arme langsam auf und ab bewegen.

Diejenigen, die auf den Kutschen neu einfahren, prosten den Anwesenden mit Sherrygläsern zu, dazwischen bahnen sich Reiter ihren Weg durchs Getümmel, so aufrecht, als ob ein krummer Rücken mit hohem Bußgeld belegt wäre. Einmal im Jahr können sie ihren eng anliegenden grauen Reitanzug präsentieren, ihren strengen, kreisrunden Hut, und ein Pferd, das sie sich für den Anlaß geliehen haben oder auch selbst besitzen. Daß eine *feria* ursprünglich eine große Pferdemesse, also eine wirtschaftliche Veranstaltung war, die dem Tausch und Handel der Tiere galt, spielt höchstens in abgelegenen Gegenden noch eine Rolle, nicht aber in Sevilla. Wer ausgiebig gesehen worden ist und gesehen hat, steuert eine *caseta* an, eines der kleinen zahlreichen Festzelte. In den *casetas* geht es so weiter: Sherry trinken, ein Häppchen Huhn oder Tintenfisch essen, *Sevillanas* tanzen – hier drehen sich junge Frauen wie alte. Und auch die Herren schnippen im Rhythmus und tappen über den Holzboden. Wem es zu warm wird, der zieht das Sakko aus, aber um Stil und eine gepflegte Erscheinung wird er immer bemüht bleiben.

Die Einheimischen erklimmen von Stunde zu Stunde höhere Stufen der Feierlaune. Für den fremden Beobachter auf der *Feria de Abril* indes beschränkt sich der Rausch auf die äußerlichen Eindrücke, die er in den bunten Gassen zwischen den *casetas* gewinnt. Denn die Zelte sind fast ausschließlich privat und folglich nur mit persönlicher Einladung zugänglich. Seine Suche nach einem Zelt, in dem auch der Fremde einmal einen Sherry trinken könnte, wird in aller Regel erfolglos bleiben. Und selbst wenn er in einer *caseta* –

zum Beispiel einer der großen Parteien – Aufnahme erhält, heißt das nicht, daß er dort Anschluß findet. Irgendwann strandet er auf dem Jahrmarkt, der sich an das *caseta*-Gelände anschließt. Daß er sich in Andalusien aufhält, wird ihm hier lediglich durch ein Detail bewußt, das dafür ganz wesentlich die Optik prägt. In den Schiffschaukeln oder Kettenkarussells sitzen die meisten Frauen in knallbunten Flamenco-Kleidern. Der Fremde schaut zu und tröstet sich mit einem Dosenbier.

Kontakte zu knüpfen oder sich auch nur einen Schwips anzutrinken wird dem Auswärtigen also schwerfallen. Und er wird wenige Einheimische sehen, die aus der Rolle fallen. Mit staunenswerter Selbstbeherrschung bewältigen die Andalusier die Sherrymengen, die zu einem Tag und vor allem einer Nacht auf der *Feria de Abril* dazugehören. Die Augen werden glasig, doch Contenance wird gewahrt. Wer nicht mehr kann, zieht sich diskret zurück. Wie viele das sind, wird der fremde Besucher kaum bemerken.

Ordnung und Wahrung der Formen sind Prinzipien, die andalusische Feste prägen. Für die *casetas* auf der *feria* von Sevilla beispielsweise gelten fixe Vorschriften. Nicht nur muß das Zelttuch in den Farben rot-weiß oder grün-weiß gestreift sein, die Streifen müssen zudem eine Breite von genau zehn Zentimetern aufweisen. Informell, aber ebenso wirksam sind die Vorschriften über Farbkombinationen und Designs der Flamenco-Kleider der Damen. Zwingend ist auch die Regel, wonach Festbesucherinnen ihre Kleider möglichst oft wechseln sollten. Einmal umziehen am Tag ist wünschenswert, an zwei Tagen der einwöchigen Feier sich im selben Kleid zu zeigen, ist geradezu unschicklich – eine Regel, die auch für andere andalusische *ferias* gilt.

Neben der Geregeltheit gehört aber in gleicher Weise der Exzeß zu andalusischen Feiern. Gut zu beobachten ist diese Mischung aus Gesittung und Ausgelassenheit bei den *Cruces*-Festen im Mai, die in der Provinz Granada besonders aufwendig begangen werden. Der eigentliche Anlaß hat irgend etwas mit dem Kreuzestod Christi zu tun, doch was, das weiß heute keiner der Feiernden mehr genau. Nachbarschaftsvereine und Bruderschaften wetteifern darin, große Kreuze liebevoll bis pedantisch mit Blumen zu schmücken. Dem glücklichen Gewinner winkt ein Ehrenpreis. Einen Schuß Anarchie steuern als erste die Kinder zum Festtag bei. Sie stellen sich mit eigenen kleinen Blumenkreuzen an den Straßenrand und verlangen in nicht ganz unaufdringlicher Weise von den Passanten Geld für ihre Mühe um *La Santa Cruz*. Für Touristen schalten sie gegebenenfalls auf Englisch um: »Monny, monny!«

Bacchantisch schließlich ist die Rolle der breiten Bevölkerung bei den *Cruces*-Festen. Die Bürger und zugereisten Gäste freuen sich mehr noch als am Blumenschmuck an den Theken, die in der gesamten Stadt aufgestellt sind. In der Provinzhauptstadt Granada summieren sich die öffentlichen Besäufnisanstalten auf einige Dutzend. Ab dem Nachmittag fließen

Bier, Wein und Schnaps in Strömen. Wer kann, tanzt *Sevillanas* bis zur Erschöpfung, die anderen wackeln einfach rhythmisch irgendwie mit. Die dazu nötige Musik wummert aus gigantischen Lautsprechertürmen, die neben Theken auf den wichtigsten Plätzen der Stadt aufgestellt sind. Besucher aus dem deutschsprachigen Raum mögen sich über die Lärmtoleranz der Bewohner wundern, wenn sie sich vielleicht daran erinnern, daß in ihrer Heimat Pop-Konzerte in Stadtnähe mitunter bereits vor Mitternacht beendet sein müssen, um die Ruhe der Nachbarn nicht zu stören. Zu den Zeiten einer andalusischen Fiesta gelten gänzlich andere Maßstäbe. Wer von den Anwohnern oder den Gästen der benachbarten Hotels vor vier Uhr morgens schlafen möchte, ist selbst schuld.

Das kollektive Über-die-Stränge-Schlagen mag von einigen Opfer verlangen, mitunter sogar von vielen. Aber nur wenige Festmuffel werden darüber so denken wie der Journalist Antonio Cambril. Er hält die *Cruces de Mayo* für eine »moderne Version der Alpträume von Hieronymus Bosch« und muß regelmäßig mit Brechreiz kämpfen, wenn männliche Festbesucher ihr Wasser unweit der Freilufttheken abschlagen: »Ganz Granada stinkt dann nach einem Tiger mit Durchfall, es ist eines der unzivilisiertesten und widerwärtigsten Feste in Spanien.«

Das Hochschwappen der Feierlaune bei den *Cruces de Mayo* kann den Besucher zu Recht überraschen, steht doch ein religiöses Symbol im Mittelpunkt. Um solche Irritationen zu vermeiden, haben sich die Bewohner des Städtchens Loja einen besonderen Kunstgriff einfallen lassen. Sie veranstalten am 1. Mai eine Wallfahrt, eine *romería*. Doch das damit verbundene Tanzen und Trinken hat keinen religiösen Bezug. Es ist eine Freundschafts-Wallfahrt, die *Romería de la Amistad*.

Eine eigentümliche Mischung aus Feierwillen und Ernsthaftigkeit findet sich auch bei den *Moros y Cristianos*-Festen, die etliche kleinere Kommunen veranstalten. Ein nicht geringer Teil der Einwohner schlüpft in Phantasieverkleidungen, um maurische und christliche Truppen darzustellen, die sich im Mittelalter in Andalusien ja ausdauernd bekriegten, bis die Mauren am Ende kapitulierten. Der Feierwille manifestiert sich in den üblichen Elementen wie Musik, Getränke etc. Die Ernsthaftigkeit zeigt sich in dem beeindruckenden Fleiß, den die Spielteilnehmer aufwenden, um ihre Kostüme zu nähen. Und ganz besonders ernst und nachdenklich sind die Bürger der Kleinstadt Cúllar. Sie nutzen den Aufmarsch der verkleideten Krieger, um in öffentlichen Deklarationen zum Ende der Gewalt in allen Krisenregionen der Welt aufzurufen.

Die meisten andalusischen Fiestas beinhalten also ein Element, das dem ausgelassenen Feiern zunächst fernsteht und mit einem gewissen Aufwand in das Fest integriert werden muß. Daneben gibt es einige Feiern, die eine ganz eindeutige und ungetrübte Geschäftsgrundlage haben. In den Weinbaugegenden gibt es im Sommer Fiestas, die eine bestimmte Weinsorte in den Mittelpunkt stellen, den *Manzanilla* in Sanlúcar de

Barrameda zum Beispiel oder den *Moscatel* in Chipiona. Hier ist klar, worum es geht: trinken, Musik hören, tanzen. Wer sich mit diesen Verschnittweinen anfreunden kann und den morgendlichen Brummschädel nicht scheut, hat hier gute Chancen, sich mit den Feiernden zu mischen.

Ganz von selbst gelingt es jedoch selten, einzutauchen und eins zu werden mit der Menge. Denn eines haben andalusische Feste mit der *Feria de Abril* in Sevilla gemeinsam: Sie sind in erster Linie eine Veranstaltung der Einheimischen. Die vergnügen sich prächtig. Aber wir Fremden bleiben oft nur Zuschauer, egal, ob die jeweilige Stadt ihre eigene kleine Ausgabe der Sevillaner *feria* veranstaltet, ihre Lokalheiligen feiert oder im Sommer unter Feuerwerksgeknalle große Scheiterhaufen prasseln läßt, um hinterher massenhaft im Freien zu essen und zu trinken.

Falls Ihnen der Anschluß an das andalusische Feierwesen nicht gelingen sollte, hier ein kleiner Trost: Den Zugang zu einem wesentlichen Bestandteil vieler Feste kann sich der Tourist mit Geld erkaufen. Eine *corrida,* der Stierkampf, bildet oft das Begleitprogramm zur *fiesta*. Und eine Karte zu erwerben zählt zu den einfacheren Übungen eines Andalusienaufenthaltes. Nur sollten Sie sich nicht wundern, wie teuer der Eintritt vor allem für eine der angesehenen Arenen, wie für die *Real Maestranza* in Sevilla sein kann. Der sonst geschätzte Platz an der Sonne (*sol*) ist in diesem Fall der schlechtere, weil er die Gefahr eines Sonnenstichs birgt und das Gegenlicht einen zum Blinzeln zwingt.

Der Kenner wählt einen Schattenplatz (*sombra*). Bevor ich Sie aber tiefer in das diffizile Thema des Stierkampfes einführe, möchte ich Sie in einem kleinen Exkurs mit der Bedeutung vertraut machen, die der Stier, und alles was mit ihm zusammenhängt, für Andalusien hat.

Der Stier am Straßenrand
Ein Exkurs

*T*ausende haben ihn schon gesehen, bevor sie je ihren Fuß auf spanischen Boden setzten: den großen Stier am Horizont. Majestätisch ist das Adjektiv, das sich unweigerlich aufdrängt, wenn man beschreiben will, wie sich seine schwarze Silhouette gegen den tiefblauen Himmel abhebt oder, besser noch, gegen einen blutroten Sonnenuntergang. Das Bild vereint ohne Worte so viele Vorstellungen über Spanien und vor allem über Andalusien, daß es Buchgestalter geradezu hypnotisiert. Sie können nicht anders, als den Stier zum prägenden Gestaltungselement ihrer Einbände zu machen.

Wer sich fragt, was diese Stiersilhouetten zu bedeuten haben, dem kann inzwischen eine einfache Antwort gegeben werden: Es handelt sich um Denkmäler, zumindest in Andalusien. Im Oktober 1994 hat die Regionalregierung die Metallflächen unter besonderen Schutz gestellt. Errichtet wurden sie ab dem Jahr 1957 mit einem ursprünglich anderen Hintergrund. Die schwarzen Stiere waren profane Werbetafeln für die Produkte der Brandy- und Sherrykellerei Osborne. Das Unternehmen ist ebenso andalusisch wie der Künstler, der den *Toro Osborne* entworfen hat, beide haben ihre Heimat in El Puerto de Santa María. Als die Werbeabteilung nach einem Symbol suchte, um an den überregionalen Straßen Präsenz zu zeigen, brauchte deshalb nicht lange überlegt zu werden. Es mußte das andalusischste aller Tiere, der Stier, sein.

Damals war das Verhältnis der Spanier zur Verkehrssicherheit und zum Umgang mit der Ressource Landschaft noch entspannter, als es heute ist. Mitunter streckten jede Woche mehrere neue Stiere ihre Hörner in den Himmel, mindestens vier Meter hoch, der größte überschritt sogar die Zwölfmetermarke. Mitte der sechziger Jahre säumten mehr als fünfhundert Stück die Straßen. Zunächst waren sie noch mit dem Namenszug der Firma versehen. Manchmal ließen sich die Designer auch zu gestalterischen Spielereien hinreißen und plazierten dem Stier zwei Brandygläser an die Stelle, wo die lebenden Vorbilder ihre Augen haben.

Im Jahr 1988 entschied dann aber die spanische Regierung, daß die Werbung am Straßenrand überhandgenommen habe, zumal Osborne nicht das einzige Unternehmen war, das seine Firmensymbole und Werbetafeln gut sichtbar in die Landschaft pflanzte. Außerdem wollte das inzwischen zum EG-Mitglied avancierte Land sich europäischen Gepflogenheiten anpassen. Nur in der Umgebung von Ortschaften blieb Werbung in einem engen Rahmen erlaubt. An

Überlandstraßen wurden die großflächigen Marketing-Instrumente per Gesetz verboten. Hunderte von Werbetafeln verschwanden.

Die andalusischen Brandybrenner von Osborne jedoch entnahmen dem Gesetzestext keine zwingende Aufforderung zum Abriß ihrer Stiere. Sie übertünchten einfach die Schriftzüge der Firma, und übrig blieben die rein schwarzen Silhouetten am Horizont. Außerdem verkleinerten sie die Werbe-Stierherde vorsorglich auf neunzig. Die mit Abstand größte Dichte blieb mit einundzwanzig *Toros* in Andalusien erhalten, acht davon allein in Osbornes Heimatprovinz Cádiz. Zum Vergleich: Auf Mallorca wurde die einstmals stolze Schar von vierzig Osborne-Stieren auf ein einziges Exemplar dezimiert.

Auf jede Beschwerde über die offenbar gesetzwidrig am Straßenrand stehen gebliebenen Osborne-Stiere reagierte die Rechtsabteilung der Firma prompt und argumentierte, es handele sich bei den Stiertafeln »nicht um Werbung, sondern um die Übermittlung eines künstlerischen Ausdrucks, der ein Element der traditionellen Kultur Spaniens abbildet«. Jahrelang hatten die Juristen von Osborne damit Erfolg.

Anfang 1994 schließlich mochte der spanische Ministerrat dieser Argumentation nicht mehr folgen und belegte Osborne mit einer Geldstrafe. Die andalusischen Weinbrenner gaben nicht klein bei und brachten die Angelegenheit vor Spaniens Oberstes Gericht. Gleichzeitig begann eine beispiellose Kampagne, um den Osborne-Stier unter Artenschutz zu stellen. Andalusische Gemeinden legten Unterschriftenlisten aus, nationale Radiosender unterstützten die Aktion, Intellektuelle wie der Schriftsteller Rafael Alberti stellten sich an die Spitze dieser Bewegung. Die Protestwelle blieb nicht ohne Folgen. Die höchsten Juristen des Landes betrachteten sich die stierförmige schwarze Tafel eingehend und kamen zu dem Schluß, sie sei »nicht mehr das Symbol einer Marke«. Ein ästhetischer Bedeutungswandel hatte den Stier transformiert, so befanden die Richter, »in etwas Dekoratives, eingebettet in die Landschaft, eine attraktive Silhouette, die mehr als zum Konsum anzuregen, den Blick des Betrachters entspannt«.

Damit war der Fortbestand der Stiere erst einmal gesichert. Und damit keiner mehr auf die Idee kommen könnte, die Tafeln zu entfernen, nahm Andalusiens Regionalregierung sämtliche einundzwanzig *Toros* in ihrem Einflußbereich flugs in den Generalkatalog des Andalusischen Kulturerbes auf. Das Überleben der Osborne-Stiere ist also garantiert. Falls Sie andere groß dimensionierte Werbetafeln an einer Landstraße entdecken sollten, zum Beispiel den Gitarrenspieler von Osbornes Konkurrenz-Kellerei González Byass, so prägen Sie sich das Bild gut ein. Wenn Sie das nächste Mal vorbeikommen, könnte dort die Natur wieder sich selbst überlassen sein. Alles, was nicht groß, schwarz und gehörnt ist, steht da nur, weil es eine Gnadenfrist erhalten hat. Eine Zukunft hat ausschließlich Andalusiens Symbol für das Wesen ganz Spaniens: der Osborne-Stier.

Um genau zu sein, muß ich diese Aussage mit einer gewissen Einschränkung versehen. Die Zukunft des *Toro Osborne* ist nur so lange wirklich garantiert, wie es auch lebende *toros bravos,* also Kampfstiere, gibt, die auf andalusischen Weiden gezüchtet werden, um irgendwann ihr Leben in einer Arena zu lassen. Nicht bloß aus diesem Grund ist es eine ausführliche Betrachtung wert, wieviel Lebenskraft und Substanz der Stierkampf in der andalusischen Gesellschaft denn heute noch hat.

Rätselhafte Rituale
Andalusiens Liebe zum Stierkampf

Muß man sich mit Stierkampf wirklich beschäftigen? Kann man es nicht bei der Feststellung belassen, daß dort auf abstoßende Weise Tiere gequält werden? Oder kann es einem nicht schlichtweg egal sein, was die Spanier mit ihren männlichen Rindern anstellen? Wer wollte einen daran hindern? Niemand ist gesetzlich verpflichtet, eine bestimmte Anzahl *corridas* zu besuchen. Ich kenne Andalusier, die nie eine Arena betreten haben und es auch nicht vorhaben.

Aber es gibt ihn nun einmal, den Stierkampf, und er spielt eine gewisse Rolle im öffentlichen Leben Andalusiens und im Bewußtsein vieler seiner Bewohner. Wie groß die Zahl der Stierkampf-Anhänger ist, darüber gibt es unterschiedliche Statistiken. Nur eines ist ziemlich sicher: Die Freunde der *lidia,* um ein weiteres Wort für diese Leidenschaft einzuführen, diese *aficionados* sind in Spanien und vor allem in Andalusien zahlreicher als die militanten Stierkampfgegner. Es bezahlen genügend Zuschauer für einen Platz in der Arena und genügend Fernsehanstalten für Übertragungsrechte, damit sich jährlich landesweit deutlich über tausend Kämpfe lohnen. Die Tageszeitungen widmen *La Lidia* ein eigenes Ressort. Kundige Schreiber nehmen dort die Kämpfe der Vortage zum Anlaß, um in fein gesetzten Worten den Mythos noch einmal nachhallen zu lassen. Fachbegriffe aus der Tötungszeremonie sind fest in der spanischen Alltagssprache verwurzelt. *Arrastre* heißt der Abtransport des toten Stieres – wer sich völlig erledigt fühlt, sagt, daß er dafür jetzt bereit wäre: *Estoy para el arrastre.* Das alles sind Indizien für die beachtenswerte Bedeutung des Stierkampfes in Alltag, Kultur und Wirtschaft.

Auch in der Kunst spielt der Stierkampf eine gewisse Rolle. Von Ernest Hemingways bedingungsloser Verehrung für das Tötungsfest bis hin zu Künstlern wie Francisco Goya oder Pablo Picasso, die den Stierkampf in den Kreis ihrer Lieblingsthemen aufgenommen haben. Die *corrida* muß irgend etwas Besonderes an sich haben, dachte ich mir, als ich begann, Andalusien zu bereisen. Doch erst die Worte des Experten Jorge Laverón öffneten mir die Augen: »Der Stierkampf ist eine einzigartige Kunst, vergänglich, unwiederholbar, unvorhersehbar und vor allem voller Geheimnis.«

Ein Mysterium also. Es gibt eine Fülle von Literatur über die ästhetischen, mystischen und wie auch immer übersinnlichen Dimensionen des Stierkampfes. Die Sichtung einiger dieser Werke bescherte mir das eine oder andere Verständnisproblem. Aber sie bestärkten mich in einer Erkenntnis: Der Stierkampf, wie ihn die Andalusier sehen, passiert wohl im Kopf, möglicherweise im Bauch – in jedem Falle im Auge des Betrachters und irgendwo dahinter. Federico García Lorca meinte, daß die *lidia* einen eigenen, wesenhaften Zauber habe, den *duende,* so wie auch der Flamenco einen *duende* besitzt, der ihn von anderen musikalischen Äußerungen abhebt. Und Lorca schreibt: »Der Stierkampf ist wahrscheinlich Spaniens größter Reichtum an Poesie und Lebenskraft. Ich glaube, daß der Stierkampf das erhabenste Fest ist, das es heute auf der ganzen Welt gibt; er ist reines Drama. Er ist der einzige Ort, an den man mit der Sicherheit geht, die blendendste Schönheit zu sehen.«

Die Fähigkeit, diese vermeintliche Schönheit zu erkennen, zu empfinden, hat freilich nicht jeder. In Andalusien jedenfalls ist die Hingabe zu – es folgt eine weitere der vielen Alternativübersetzungen für »Stierkampf« – *los toros* stärker ausgeprägt als irgendwo sonst. In ganz Spanien werden Stierkämpfe veranstaltet, auch in Lateinamerika und Südfrankreich. Die Heimat aber und das Mutterland dieses Kampfes ist die Region um Cádiz, Sevilla und Córdoba. Hier ist er verwurzelt, von hier kommen die meisten Stiere, die weltweit ihr Ende im Sand einer Arena finden. Die *corrida* ist ein spirituelles Band, das viele Andalusier untereinander verbindet. Und es knüpft sie an eine jahrtausendealte Tradition, die sie eins werden läßt mit einem – ihrer Ansicht nach – ewigen Prinzip des Ringens zwischen Mensch und Natur. Und dieses Band läßt sie Anteil haben an der Schönheit, die – ihrer Ansicht nach – bei diesem Kampf entsteht.

Die Kontaktaufnahme mit dem Mythos geschieht auf mehreren Ebenen. Zunächst identifizieren sich die Zuschauer mit dem *torero* – so heißen übrigens unterschiedliche Sorten von Kämpfern, die es mit dem Stier, dem *toro,* aufnehmen. Die einzelnen Aufgaben sind feinsinnig untergliedert, doch dazu kommen wir später. Der *torero* ist ein meist relativ junger Mann, sportlich und dementsprechend oft ganz ansehnlich. Natürlich tritt mancher Kämpfer noch mit sechzig in die Arena, doch in jungen Jahren töten die *toreros* die meisten Stiere. Das Publikum hat also vor sich einen jungen Mann, der einem wilden Tier gegenübersteht, einem massigen Fleischberg, der über eine halbe Tonne auf die Waage bringt, mit spitzen Hörnern und einem Instinkt zum Angriff, der durch Zucht noch verstärkt wird. Der Jüngling oder Mann (die Zahl der Frauen in der Arena ist zu vernachlässigen, auch darüber später) begibt sich in Lebensgefahr. Die Risiken sind selbstverständlich ausgesprochen ungleich verteilt. Der Stier stirbt immer, *toreros* selten. Verletzungen erleiden sie indes regelmäßig, zu jedem größeren Stierkampf-Fest gehören zumindest Fleischwunden und Knochenbrüche. Jeder Stierkämpfer durchleidet folglich Angst, und das Publikum nimmt daran Anteil. Doch es sitzt in sicherem Abstand zum Geschehen, so daß es lediglich einen angenehmen Kitzel der Gefahr verspürt.

Weil es um einen Mythos geht, folgt die *corrida de toros* einem geradezu liturgischen Regelwerk, ganz entgegen dem Klischee, wonach eine gewisse Lässigkeit alle Unternehmungen mediterraner Menschen präge. Musik begleitet den Einzug der Stierkämpfer, die in einer strengen Abfolge aufmarschieren. Die drei *matadores,* die als einzige das Recht haben, jeweils zwei Stiere zu töten, bilden eine Reihe, bei der links der Dienstälteste schreitet, in der Mitte der Jüngste und rechts der nach Dienstalter mittlere. Es folgen in peinlich genauer Ordnung die Kämpfer, die den Stieren die Banderilla-Spieße in den Nacken rammen, dann die *picadores,* berittene Lanzenträger, und schließlich andere Helfer, *monosabios, areneros, mulilleros.*

Eines jeden Rolle im Umgang mit dem Stier ist ebenso minutiös festgelegt wie die Dauer der einzelnen Teile des Kampfes. Im ersten Drittel wird das Tier mit den hell-violett und gelb gefärbten *capas* gereizt und geführt. Jede Bewegung hat ihren Namen, einige mit religiösen Bezügen. *Verónica* heißt es, wenn der Kämpfer dem Stier das Tuch über den Kopf zieht, wie einst die gleichnamige Heilige ihr Schweißtuch Christus übers Gesicht gelegt haben soll, als er sich zur Kreuzigung schleppte. Auf einen Wink des Präsidenten des Kampfes mit einem weißen Taschentuch, dem ein Fanfarenstoß folgt, reitet der *picador* ein und schwächt den Stier durch Lanzenstiche ins Genick. Nach einem weiteren Wechsel setzen ihm die *banderilleros* bunte Spieße in den Rücken, wobei wieder jede Bewegung ihren Namen hat, *De poder a poder,* »von Macht zu Macht« etwa, wenn sich der Kämpfer dem Stier genau gegenüberstellt.

Zum Schluß dirigiert der *matador* das geschwächte

Tier mit dem kleineren, roten *muleta*-Tuch, bevor er den *toro* mit einem Degenstoß niederstreckt. Nach Möglichkeit soll er das Herz treffen, um den Tod sofort herbeizuführen, auch eine Verletzung lebenswichtiger Adern rund um Herz und Lunge beendet das Leiden des Stieres schnell. Die verschiedenen Arten, den Todesstoß zu setzen, haben natürlich eigene Namen und werden in ihrer Wertigkeit vom Publikum unterschiedlich goutiert. Falls der Stoß mißlingt, tötet der *matador* das kampfunfähige Tier mit einem Messerstich ins Genick. Sogar dieser wenig ruhmreiche *descabello* folgt Regeln, und die einen Stierkämpfer gelten als besonders begabt für diese Art des Tötens, andere als weniger dazu berufen.

Neben dem spirituellen Kitzel der Todesnähe vollzieht sich im Stierkampf eine weitere rituelle Handlung, bei der der *matador* den Hohepriester mimt. Das starke, mächtige Opfertier wird unterworfen und getötet. Mit diesem Akt eignet sich der Schlächter etwas von der Schönheit, der Würde und der Kraft des Tieres an. Der Andalusier bewundert die Eleganz der Bewegungen beim Stierkampf, wenn alles so läuft, wie es soll, denn: Der *torero* beherrscht das unbändige Tier, er zwingt ihm elegante Drehungen seines Tuches auf, er bestimmt, wann der Stier sich wohin wendet.

Der Stierkämpfer ist beim Vollzug dieses Ritus nicht nur Held und Priester. Der Kolumnist A. R. Almodóvar von der Tageszeitung *El País* verleiht dem *torero* sogar überirdische Züge: »Wie ein Gott zu sein. Sich als Mittelpunkt der Welt zu fühlen, als Herr der

Welt, unsterblich im edlen Kampf, alles verachtend, was nicht dieser Augenblick ist.« Und wie jeder Showstar ist auch der *torero* Projektionsfläche für Idealvorstellungen. Es gibt viele Deutungen über den sexuellen Gehalt des Stierkampfes, von der Theorie, daß der Kämpfer mit dem Stier eine in Menstruationsblut schwimmende Frau unterwirft und dadurch zum Höhepunkt gelangt, bis zur These, daß der mit Straß verzierte *matador* in seinen pinkfarbenen Strümpfen eine homoerotische Beziehung zu seinem Widerpart aufbaut. Es soll Stierkämpfer geben, die beim Dank ans Publikum die Spuren, die ein Orgasmus auf ihrer Hose hinterlassen hat, mit einem Handtuch überdekken. Soviel zu den Theorien, gewiß ist aber: Für viele Zuschauer sind *toreros* Sexsymbole. Moderne Andalusierinnen werfen nach dem Kampf schon einmal ihre Schlüpfer in den Sand der Arena. Die männlichen Zuschauer identifizieren sich mit der gelebten rituellen Potenz im Rund der *plaza de toros*.

Und nicht zuletzt verkörpern Stierkämpfer den sozialen Aufstieg aus eigener Kraft. In dieser Hinsicht hat sich in der andalusischen Gesellschaft viel geändert, doch traditionell kommen die *toreros* aus einfachen Verhältnissen bis bitterer Armut. Mit etwas Glück und Können haben sie die Chance, berühmt, vielleicht reich zu werden. Weil sie Projektionsobjekt für so viele unterschiedliche Emotionen sind, erhalten die prominentesten Kämpfer Ehren- und Kosenamen. Aus dem andalusischen Dorfjungen Manuel Benítez wird dann der weltberühmte »El Cordobés«, aus einem Antonio Ruiz wird »Espartaco«, in Anlehnung an den römischen Sklavenhelden Spartacus. Andere *toreros* erhalten Spitznamen nach dem Bildungsmuster Schumacher / Schumi, so begrüßen die Fans Jesús Janeiro Bazán als »Jesulín« oder Julián López als »El Juli«.

Neben diesen Elementen des Kampfes, aus denen sich der Kult zwischen *torero* und Stier entwickelt, ist die *corrida* eine Gelegenheit, bei der das Publikum aufhört, eine Ansammlung von Individuen zu sein. Die Zuschauer spielen eine wesentliche Rolle beim Gelingen der Veranstaltung. Denn der Stierkampf ist nicht nur Teil einer *fiesta,* er ist selbst ein Fest. Die Damen legen ausgesuchte Gewänder an, die Herren erscheinen im Anzug und nebeln sich großzügig mit dem Qualm von Zigarren ein, auch wenn sie sonst niemals zum *puro* greifen. Es ist ein ernstes Fest ohne Amüsement im klassischen Sinne. Das Publikum sucht ja, wie erläutert, mystische Erlebnisse. Und die Zuschauer haben beim Stierkampf nicht nur die Aufgabe, Atmosphäre zu schaffen. Bei der *corrida* sind es die *aficionados,* die am Schluß über Erfolg oder Mißerfolg des *toreros* entscheiden. Mit ihrem Applaus und dem Schwenken von Taschentüchern bestimmen sie, ob er so gut gekämpft hat, daß er eine Auszeichnung verdient. Dann darf er ein Ohr des Stieres behalten oder auch beide, in sehr seltenen Fällen auch den Schwanz.

Diese Vereinigung der Individuen zum Publikum, zu einem für kurze Zeit homogenen Subjekt, erlaubt auch den Rückfall in archaische Verhaltensmuster, die im Alltagsleben unpassend wären. Da wird bei unerwarteten Wendungen des Stiers »Oooh!« gerufen wie im Kasperletheater, wenn das Krokodil auftaucht. Die Aktionen der *toreros* werden mit Stöhnen, Pfeifen, Zischen und Jubel begleitet. »Olé« bedeutet rein gar nichts, es ist purer Klang, das Publikum nähert sich damit dem paradiesischen Zustand an, als Sprache noch Spiegel einer einfachen Welt war. Ein für die Zuschauer besonders rauschhaft-atavistisches Element erhält das Spektakel dort, wo die Stiere vor dem Kampf durch die Stadt in die Arena getrieben werden, während überwiegend junge Leute vor ihnen herlaufen. Am bekanntesten für solche *encierros* ist das nordspanische Pamplona. Aber auch in andalusischen Städten wird diese todesverliebte Tradition gepflegt.

Ich habe es schon angedeutet: Man braucht eine besondere Einstellung, um das im Stierkampf zu sehen, was seine Anhänger darin erblicken. Man muß den Rocksaum des *duende* zu fassen bekommen, von dem Lorca sprach. Alle anderen sehen allenfalls, wie ein schönes Tier in eine ihm unbekannte Umgebung gehetzt wird, nachdem es einen Tag lang in einen engen Kasten eingesperrt war, ohne Futter, damit der *toro* nicht durch ein natürliches Bedürfnis die Ästhetik der Inszenierung stört. Jene, denen der Zugang zum *duende* versperrt bleibt, sehen nur, wie dem Tier blutende Wunden geschlagen werden, wie Widerhaken sich in sein Fleisch senken, wie es am Ende mit hängender Zunge den Todesstoß als Erlösung empfindet.

Die *lidia* ist eine Qual für den Stier, daran besteht kein Zweifel. Doch die Freunde des Stierkampfes mögen es nicht allzu gerne, wenn sie von Ausländern darauf aufmerksam gemacht werden. Von ihren Landsleuten hören sie solche Vorwürfe selten. Die Zahl der tierschutzbeflissenen Spanier, die für eine sofortige Abschaffung der *corrida de toros* plädieren, ist gering, insbesondere in Andalusien. Selbst Einheimische, die mit dem Schauspiel nichts anfangen können und im Falle seines Verbotes den Stierkampf nicht vermissen würden, argumentieren: Vor den zwanzig Minuten, die der Kampf bis zum Tode dauert, hat der Stier vier bis sechs Jahre ein gutes Leben; wird er als *novillo* von *torero*-Lehrlingen getötet, währt es knapp drei Jahre. Bis dahin hat er ein beneidenswertes Dasein unter mediterranen Steineichen auf saftigem Gras. Der deutsche Biologe Horst Stern, der sich mit Eifer für die Belange aller Tiere einsetzt, hat dieses Argument vieler Andalusier so oft gehört, daß er es sich zu eigen machte: »Es erfüllt der spanische Stier, im Gegensatz zu unseren *Nutzstieren,* auch die erste Grundforderung des Tierschutzes: Er hat, bevor er stirbt, wenigstens artgerecht gelebt.«

Bleibt noch die Frage, was das Tötungsritual aus den Menschen macht. Spanische Wissenschaftler haben sich bemüht zu belegen, daß es nicht einmal Kindern schadet, sich die künstlerisch überhöhte Schlachtung eines Stieres anzusehen. Bedenken, das Schauspiel könne die Zuschauer verrohen, bewirken bei andalusischen Stierkampf-Anhängern nur Kopfschütteln. »Schau dir die USA und ihre Gewaltkriminalität an«, sagt mir mein Bekannter Pablo aus Sevilla. »Dort haben sie keinen Stierkampf, und die Menschen sind so aggressiv, daß sie sich gegenseitig massakrieren.«

Man muß dem Stierkampf zugute halten, daß das Tier relativ geordnet seinem Ende zugeführt wird. Das ist mehr als man über andere mutwillige Tötungen sagen kann, die bei Festen gerade in kleinen Orten quer durch ganz Spanien zur Tradition gehören. Da werden Hühnern mit bloßer Hand die Köpfe abgerissen, Stiere werden mit brennenden Fackeln an den Hörnern durch die Straßen getrieben, oder betrunkene junge Burschen schlitzen Kühen mit abgebrochenen Flaschen den Bauch auf.

Sogar das gerne bemühte Argument, es handele sich bei der *lidia* um ein patriarchalisches Gewaltspektakel, um einen zur Kunst erhobenen *machismo*, hat in jüngster Zeit an Gültigkeit eingebüßt. Zum einen ist der Stierkampf bei Frauen mindestens genauso beliebt wie unter Männern. Und die Frauen haben sich Zutritt in die einstige Männerdomäne der *matadores* verschafft. Die am Beginn ihrer Karriere gefeierte Cristina Sánchez hat zwar nach vier kurzen Jahren ihren Degen wieder an die Wand gehängt – weil sie sich von ihren männlichen Kollegen gemobbt fühlte, wie sie sagte. Aber sie hat den Frauenstierkampf zu einer Disziplin gemacht, der auch Traditionalisten der *corrida* großen Respekt zollen.

Ich denke, man muß diejenigen, die sich für klassische Stierkämpfe begeistern, also nicht als wahnsinnige Sadisten und Tierquäler abqualifizieren. Man kann sogar versuchen, der Faszination nachzuforschen, die sie verspüren. Dazu könnte es genügen, die Stiche aus Francisco Goyas *Tauromaquia*-Zyklus *zu* studieren oder die Bilder Pablo Picassos, die sich dem Thema widmen. Wer der Sache noch näher kommen will, sollte sich aber wohl den einen oder anderen Kampf ansehen. Für all jene, die bei der Betrachtung lieber Distanz wahren möchten, gibt es zahlreiche Fernsehübertragungen. Die liefern allerdings nur die Bilder, nicht die Atmosphäre. Meiner Ansicht nach kann man sehr wohl einen Stierkampf besuchen, ohne sich der Mittäterschaft an einer Tierquälerei schuldig zu machen. Ob diese Quälerei fortbesteht oder ob sie abgeschafft wird, hängt nicht davon ab, wie viele Ausländer ab und zu eine *corrida* besuchen. Das Schicksal des Stierkampfes steht und fällt mit der Frage, ob sich das Band der spirituell-mystischen Begeisterung für diese Art des Opfertodes in die Zukunft spinnen läßt oder nicht.

Momentan stehen die Zukunftsaussichten für die *corrida* günstig. Gerade in den letzten Jahren erlebt sie eine Renaissance. Auch gelingt es dem Stierkampf immer wieder, die selbstzerstörerischen Tendenzen zu überwinden, denen seine Organisatoren regelmäßig erliegen. Die Züchtung übermäßig schwerer, aber unbeweglicher *toros bravos* ist eine der traditionellen Sünden der Stierbarone. Das Abfeilen der Stierhörner ist eine gängige Verfehlung des Managements der Arenen. Beide Praktiken stürzen den Kampf zyklenhaft in

Krisen, und jedesmal geht er augenscheinlich gestärkt daraus hervor.

Auch die Konkurrenz des Fußballs scheint keine ernsthafte Bedrohung des Stierkampfes darzustellen. Zwar ist die Liebe der Spanier zum *fútbol* inzwischen mit der in Deutschland, Italien oder Großbritannien vergleichbar. Aber die Menschen haben genügend Zeit und Geld übrig, so daß sie beiden Leidenschaften frönen können.

Der Fußball wird dem Stierkampf aus einem weiteren Grund nie völlig den Rang ablaufen können. Die *corrida* hat nicht nur ihre eigene Mythologie, sie bewegt sich darüber hinaus im Kielwasser des christlichen Glaubens. Früher wurden bei den höchsten kirchlichen Festen, etwa der Kanonisierung eines Heiligen, besonders viele Stiere in den Arenen niedergemetzelt. Auch heute ist der Stierkampf weiterhin eng mit dem Feiertagszyklus der katholischen Kirche verknüpft. An Ostern, also zum Opfertod des Gottessohnes, beginnt die Stierkampfsaison. Die prächtigsten Kämpfe werden zu Ehren wichtiger Heiliger abgehalten. Auch wo ein Dorf seinen lokalen *Santo* ehrt, steht nach Möglichkeit eine *corrida* auf dem Programm, und sei es bloß mit Stierkälbern; die Veranstaltung heißt dann *becerrada*. Sie haben es vielleicht bemerkt: Nicht nur der Stierkampf ist eine eigenwillige Besonderheit Andalusiens. Auch der Katholizismus hat dort seine außergewöhnlichen Seiten. Ihnen widmet sich das folgende Kapitel.

Wo Glaube echte Arbeit ist
Andalusische Religiosität

Spanien ist ein katholisches Land. Und Andalusien? Wenn wir der Arbeitshypothese folgen, wonach alles typisch Spanische in Andalusien besonders ausgeprägt ist, dann müßte es erzkatholisch sein, *catolicísimo* statt nur *católico* vielleicht. Eines ist gewiß: Die Andalusier verbannen den Glauben nicht in die Kirchen, er ist an vielen öffentlichen Orten präsent. Neben den Schnapsflaschen in einer Bar steht in der Ecke ein kleiner Marienaltar, in Supermärkten oder Bäckereien hängen Marien- und Christusbilder neben der Kasse, manchmal mit erläuternden Texten. Jesus von Nazareth sei *El amigo que nunca falla* – »Der Freund, der nie enttäuscht«. Religiöse Themen wie eine Pilgerreise einer örtlichen Bruderschaft nach Rom oder Jerusalem sind den in ihrer Grundhaltung eigentlich säkular ausgerichteten Tageszeitungen ganzseitige Berichte wert.

Wer der andalusischen Religiosität nachforscht, wird feststellen, daß die Hauptorte des Glaubens, die Kirchenbauten, unauffällig sind. Etwas außergewöhnlich könnte einem Andalusien-Neuling nur erscheinen, daß mancher Glockenturm unverkennbar das ehemalige Minarett verrät. Die Christen haben bei der Rückeroberung von Al-Andalus die Baumasse, die die Heiden hinterließen, der Einfachheit halber recyclet. Ansonsten sind andalusische Gotteshäuser, rein architektonisch gesehen, das Ergebnis der üblichen jahrhundertelangen Amalgamierung verschiedener Stilepochen. Am gründlichsten hat in aller Regel das Barock den Kirchen seinen Stempel aufgedrückt, schmerzensreiche Marien und Heilige aller Couleur glänzen im Schmuck ihrer Goldverzierungen an Pfeilern und in Kapellen der geweihten Räume. Im schummrigen Licht beten schwarzgekleidete alte Frauen, ab und an huscht ein Yuppie im Anzug zu einem Seitenaltar und erbittet göttlichen Beistand für seine geschäftlichen Aktivitäten. Eines fällt noch auf: Andalusische Kirchen sind meist finster, so wie es die spanische Deutung der christlichen Heilslehre lange Zeit war. Für meinen Geschmack strahlen auch viele religiöse Bilder der in Andalusien geborenen Alten Meister wie Murillo und Velázquez vor allem Dunkelheit aus. Diese Düsternis, die sich aus dem Katholizismus der altspanischen Inquisition herübergerettet hat, läßt sich allerdings genauso in Kastilien oder Katalonien finden.

Ebenfalls dem gesamtspanischen Durchschnitt entspricht die außerordentlich christlich geprägte Namensgebung der Andalusierinnen und Andalusier. Zunächst schockierend wirkt es für viele Ausländer, wenn sie erkennen, daß der Mann, der sich ihnen als »Chessús« vorgestellt hat, tatsächlich den Namen des Heilands trägt. Neben Jesús sind die beiden anderen Vornamen der Heiligen Familie auffällig verbreitet, beliebt ist auch ein Doppelpack, so daß Männer nicht selten José María heißen und Frauen María José getauft werden. Nicht immer bemerkt man es allerdings auf Anhieb, daß Andalusierinnen und Spanierinnen den Namen der Gottesmutter tragen. Hinter Dolores verbirgt sich María de los Dolores, die Schmerzensmaria, und Luz heißt nicht nur Licht, sondern das Licht Mariä.

Auf die gleiche Weise erklären sich eigentümliche Frauennamen wie Pilar, der Pfeiler, oder Nieves, der Schnee. Sie beziehen sich auf Orte, an denen die Jungfrau den Gläubigen erschienen ist. Auch der beliebte Name Concepción, also Empfängnis, lehnt sich selbstverständlich an selbige unbefleckte der Muttergottes an. Apart ist es, daß sich diese zunächst doch sehr ernsthaften Namen dem menschlichen Hang zur Verniedlichung und zu Spitznamen nicht entziehen können. So wandelt sich Concepción zur Conchita, wodurch der Name mit einer anderen denkbaren Verkleinerung identisch wird, der von Concha, »die Muschel«.

Es ist sogar möglich, seine Tochter auf den Namen »O« zu taufen oder besser: »María de la O«. Nach dieser Ausprägung der Mutter Jesu sind jedoch seltener Frauen, als vielmehr Kirchen benannt, nach meinen Beobachtungen in Andalusien besonders häufig. Und hier zeigt sich die Eigenheit vieler Andalusier, Religiöses als gegeben hinzunehmen. Ich fand diesen Namen stets reichlich ausgefallen und habe deshalb mehrfach versucht, in Fremdenverkehrsbüros oder den jeweiligen Kirchen die Herkunft dieser Benennung herauszufinden. In Sanlúcar de Barrameda wie auch in Rota erzählte man mir, die dortigen auf »María de la O« geweihten Kirchen seien so schön, daß sie den Menschen beim Betreten stets ein bewunderndes »Oooh« entlocken. Eine hübsche, doch wenig plausible Deutung. In einem Buch über spanische Landeskunde fand ich später die Erklärung, es handele sich um die schwangere Maria. Über das Detail, warum ein »O« die Schwangerschaft versinnbildlichen sollte, schwieg sich der Text aus. Mein erster Gedanke, der gerundete Bauch könne durch einen gerundeten Buchstaben dargestellt sein, schien mir bald etwas zu schlicht für die kirchliche Namenssymbolik. Schließlich stieß ich in einer katholischen Enzyklopädie auf einen Aufsatz, in dem es hieß, früher hätten Kirchenchöre am Tag der hochschwangeren Maria, dem 18. Dezember, ein gedehntes »Ooooooh« gesungen, um ihrer Sehnsucht nach der Geburt Christi Ausdruck zu geben. Inzwischen kann ich es verstehen, daß Andalusier sich nicht mit der Frage aufhalten, warum ihre Lieblings-Muttergottes so heißt, wie sie heißt.

Bemerkenswert ist auch die Etymologie der männlichen Koseform Pepe, mit der mancher José gerne belegt wird. Sie steht für *padre putativo,* »derjenige den man für den Vater hielt«, das wiederum als *p.p.* abgekürzt, Pepe gesprochen wird. Die große Verbreitung religiös geprägter Namen ist jedoch, wie gesagt, nichts exklusiv Andalusisches, sondern eine gesamtspanische Erscheinung. Sie hängt damit zusammen, daß manche Pfarrer sich bis heute weigern, ein Kind in die christliche Gemeinschaft aufzunehmen, das keinen Namen aus dem Umfeld Christi erhält oder wenigstens den eines wichtigen Heiligen. Ein Kind auf Yvonne oder Kevin taufen zu lassen, ist in Spanien schwierig.

Wenn auch die Zahl der Vornamen relativ beschränkt sein mag, so hat der *nombre,* der jeden einzelnen durch die Taufe an die christliche Kirche bindet, doch eine weit größere Bedeutung als zum Beispiel in vielen katholischen Gegenden Deutschlands oder Österreichs. Der Name stellt eine direkte Verbindung her mit dem zugehörigen Heiligen oder der entsprechenden Erscheinungsform der Jungfrau Maria. Der Namenstag, *el Santo,* ist deshalb vielen Andalusiern wichtiger als der Geburtstag – was sie erneut mit allen Spaniern verbindet.

Der andalusische Katholizismus hat also viel mit dem Rest der römischen Weltkirche gemeinsam, auch das Schicksal, daß ein großer Teil des Alltagslebens zusehends verweltlicht. Die Zahl derjenigen, die jenseits von Feiertagen einen Gottesdienst besuchen, ist in Andalusien rapide zurückgegangen. Eine kirchlich geschlossene Ehe gilt keineswegs mehr als Bund fürs Leben, die Scheidungsrate in Südspanien bewegt sich auf einem europaweit gesehen durchschnittlichen Niveau. Trotz all dieser Gemeinsamkeiten mit anderen katholischen Regionen wird, wer den spezifisch andalusischen Katholizismus sucht, doch irgendwann feststellen, daß Glaube hier völlig anders gelebt wird als anderswo in der Christenheit.

Ihr unverwechselbares, einzigartiges Gesicht, das sie vom Rest Spaniens abhebt, zeigt die andalusische Religiosität bei den großen Kirchenfesten. Ostern mag anderswo ein Anlaß sein, zu dem sich die Familie versammelt, die Kinder Schokoladeneier suchen oder neuerdings untereinander Geschenke verteilt werden. Nicht so in Andalusien. Hier ist Ostern eine kollektive Trance, eine krude Mischung aus religiösem Eifer, körperlicher Verausgabung, präziser Planung, Exzeß aller Sinne – und Eitelkeit.

Nehmen wir Málaga. Die meisten Tage im Jahr ist der Hauptort der Costa del Sol ein unauffälliges Zentrum für Geschäfte und Tourismus mit rund einer halben Million Einwohnern. An Ostern verwandeln sich 15 000 davon in *nazarenos*. Sie schlüpfen in eine lange Kutte und ziehen sich eine hohe, spitze Kapuze über, die nur kleine Öffnungen für die Augen frei läßt. In dunkles Blau, Rot oder in Weiß gewandet, geben Menschen, die im Alltagsleben als Verwaltungsbeamte oder Mechaniker arbeiten, plötzlich eine gespenstische Erscheinung ab. Die Füße stecken in dünnen Sandalen, wer es wirklich ernst meint, schlurft barfuß über Asphalt und Pflastersteine oder legt sich Ketten um die Fußknöchel. Als sich der amerikanische Rassistenclub Ku-Klux-Klan eine ähnliche Aufmachung aneignete, war die andalusische Karwoche bereits viele

Jahrhunderte alt; es dürfte sich daher nicht die Frage stellen, wer hier wen kopiert hat.

Weitere 10 000 Malagueños finden an Ostern endlich die Erfüllung dessen, worauf sie das ganze Jahr hingefiebert haben: Sie dürfen Christus- und Marienstatuen tragen, mit denen sie die gesamte Karwoche hindurch die Stadt in allen Richtungen durchqueren. 75 dieser *tronos* werden von 37 Bruderschaften von Kirche zu Kirche befördert, jeder einzelne Umzug mobilisiert noch einmal Zigtausende von Gläubigen, die dem organisierten Teil der Prozession folgen. Das Spektakel beschränkt sich wohlgemerkt nicht auf Karfreitag bis Ostermontag. Die *Semana Santa* dauert sogar länger als eine Woche, von Palmsonntag bis Ostermontag gibt es jeden Tag Programm. So beliebt ist die Karwoche, daß die Bürger von Málaga gern einmal eine Sonderprozession lange vor Ostern veranstalten: Dann strömt eine halbe Million Zuschauer in die Stadt, das heißt, ebenso viele Menschen, wie Málaga Einwohner hat. Die Karwoche wirkt sich aber nicht nur in den Belegungszahlen der Hotels direkt auf das weltliche Leben aus. Die Bruderschaften haben juristische Sonderrechte. Sie dürfen in die Rechtsprechung eingreifen und zu Ostern einen Häftling begnadigen.

Zahlen können die Dimension der *Semana Santa* nur sehr unvollständig wiedergeben. Doch sie vermitteln vielleicht eine Vorstellung davon, welche Rolle die Karwoche im Leben ihrer Anhänger spielt. In Málaga wiegt eine Marienfigur und ihr gesamter Aufbau mit Kerzen, Plattform und Verzierungen bis zu fünf

Tonnen. 250 Männer tragen diese *Virgen de la Esperanza* auf ihren Schultern, fünf, sechs, sieben Stunden – oder auch länger, wenn es sein muß. In Sevilla sind die tragbaren Heiligenbildnisse, die dort meist *pasos* genannt werden, nicht ganz so gewichtig. Eine Marienstatue bringt im Durchschnitt eineinhalb Tonnen und eine Figur ihres Sohnes zwei Tonnen auf die Waage. Dafür stehen auch weniger *costaleros* unter den Plattformen, üblicherweise sind es zwischen dreißig und fünfzig. Die Last, die jeder einzelne bewältigen muß, beträgt darum, unabhängig von der Größe des *trono,* stets zwischen zwanzig und vierzig Kilogramm.

Eine Funktion in einer der Bruderschaften, in einer *cofradía* oder *hermandad,* einnehmen zu dürfen ist eine mit Worten nicht zu beschreibende Ehre. Es gibt Eltern, die ihre Kinder schon kurz nach der Geburt anmelden, damit sie eine größere Chance haben, später mehr als nur Zuschauer bei den Prozessionen zu sein. Die Wartelisten sind lang, der Aufstieg ungewiß. Als der in Málaga geborene Hollywoodstar Antonio Banderas in seiner langjährigen Mitgliedschaft in den *Reales Cofradías Fusionadas de San Juan* zum *mayordomo* aufstieg und den Zug in schwarzer Kutte und mit roter Kopfbedeckung begleiten konnte, beschrieb er das Gefühl, an herausgehobener Stelle den Weg des *trono* dirigieren zu dürfen, als so bewegend wie eine Oscar-Verleihung.

Obwohl ich protestantisch aufgewachsen bin und deswegen diesem Phänomen zunächst etwas ratlos gegenüberstand – wie übrigens auch viele Katholiken, die ich kenne –, konnte ich mich der Faszination der *Semana Santa* in Andalusien nicht entziehen. Schon der gleichförmige, getragene Rhythmus der Marschmusik, den die Prozessionsorchester vorgeben, lullt den Betrachter sanft ein. Die silbern und golden verzierten *pasos* und die über und über bestickten Kleider der Marienstatuen lassen das Auge immer wieder neue Details entdecken, die im Schein von Dutzenden von Kerzen glitzern. Die erschöpften Gesichter der *costaleros* strahlen eine unendliche Befriedigung aus, wenn sie den *paso* für eine Pause absetzen und unter den seitlich von der Plattform herabhängenden Stoffbahnen hervorkommen. Fast noch glücklicher scheinen die Träger, wenn sie wenig später von ihrem Erholungstrunk aus der Kneipe zurückkommen. Der Alkohol steigert noch den Rausch der körperlichen Anstrengung und des Ringens um die Nähe zu Gott.

Karwoche in Andalusien heißt, für einige Tage ein anderer Mensch werden – nicht ganz unähnlich dem Karneval. Die Gläubigen verschwinden als *costaleros* unter den Aufbauten der *pasos* und verwandeln die Plattformen in eine Art menschlichen Tausendfüßler. Sie schlüpfen in andere Identitäten, verkleiden sich als kapuzentragende Büßer oder als römische Soldaten, mit Rock und federbuschgekrönten Helmen, wie sie einige Prozessionen begleiten.

Größte Inbrunst und ebensolchen Ehrgeiz verwenden die Bruderschaften auf die Ausstattung der Marienfiguren. Wochen- und monatelang nesteln und sticheln Frauen wie Männer an den Stoffbahnen, die sie mit feinen Stickereien, mit Perlen, bunten Steinen und Spitzen versehen. Die Zuschauer honorieren diesen Aufwand und zeigen ihre Liebe zur Jungfrau, indem sie sie mit dem Ruf »¡Guapa!« begrüßen: »Du Schöne!«. Folgerichtig entbrennt ein veritabler Wettbewerb darum, welche Prozession die ansehnlichere ist. Im nordandalusischen Linares erkundigen sich die Organisatoren der Karwoche bei der Bevölkerung, welches Orchester nach ihrer Ansicht am besten gespielt und welche Bruderschaft am überzeugendsten gebüßt hat. So gibt es jedes Jahr in den verschiedenen Sparten Gewinner. Die Befragten nutzen die Gelegenheit auch für Beschwerden, wenn beispielsweise die Büßer nicht stets neue Tuniken und Kapuzen tragen.

Die Zuneigung zu den Marienfiguren nimmt ausgesprochen familiäre Züge an, die Jungfrau wird zur Mutter jedes einzelnen Gläubigen. Und wie die eigene Mama mit Kosenamen belegt wird, erhalten auch die Bildnisse liebevolle Spitznamen. Der Volksmund nennt die Marienfigur in Granada, welche die »Verehrungswürdige, sehr Alte und Erlauchte Sakramentalbruderschaft unserer Herrin des Friedens und Bruderschaft der Buße des Heiligen Christus der Gnaden und der Heiligsten Maria der Barmherzigkeit« betreut, einfach *La greñúa*, die Zerzauste. So innig ist das Verhältnis der Bruderschaften zu ihrer jeweiligen Maria, daß sie sich trotz der großen Last künstlerische Einlagen einfallen lassen. In Granada werden einzelne Marienfiguren von ihren Trägern hin- und hergewiegt, »la bailan« – sie lassen sie tanzen, heißt es dann.

Mit Tanzen ist es nicht genug, die Menschen singen auch für ihre Maria. Anwohner der Häuser, an denen die Prozessionen vorbeiführen, stellen sich auf ihren Balkon und schleudern den Heiligenfiguren eine *saeta*, einen »Pfeil«, entgegen. Mit Melodien, die an die reinsten Formen des Flamenco erinnern, besingen sie »das braune Gesichtchen« Mariens und ihr Leid – das eigene und das der Muttergottes. Die Verehrung der Jungfrau erfaßt alle Sinne. Vor der Prozession der *Virgen de la Esperanza* in Málaga wird die Strecke mit duftenden Rosmarinzweigen bedeckt. Eingehüllt ist der Bußgang von Weihrauchschwaden, in tiefer gelegenen Orten wie Málaga und Sevilla mischt sich der Duft der Orangenblüten darunter. Wenn die Luft kühler wird, dünsten die *azahares* besonders intensiv ihre Lockstoffe aus. Der Duftzauber der Orangenblüten kann so kraftvoll werden, daß er die Qualität eines Rauschmittels entwickelt. So erklärt es sich noch besser, warum die andalusischen Osterprozessionen nicht nur bis tief in die Nacht, sondern zum Teil bis zum Morgengrauen dauern.

Ein sinnliches Ereignis sind die Prozessionen auch für viele Frauen, die es geschafft haben, an einem der Umzüge teilzunehmen. Mit sichtlichem Stolz formen sie einen eigenen Block, altspanisch mit dem Mantilla-Kamm im hochgesteckten Haar. Die Kleidung ist schwarz gehalten, der angemessenen Farbe der Trauer um den gekreuzigten Heiland. Bei aller Zerknirschung darüber, daß das Volk Christi den eigenen Herrn ans Kreuz geschlagen hat, kommt doch auch die

Mode zum Zuge. Es sind keine Büßerinnengewänder, die die Damen tragen, sondern schick geschnittene Kostüme. Die Prozessionsteilnehmerinnen sind sich in jeder Sekunde bewußt, daß Tausende von Augenpaaren auf sie gerichtet sind, und sie genießen es. Weniger nah an der Todsünde der Eitelkeit sind Geschlechtsgenossinnen, die in den letzten Jahren eine früher den Männern vorbehaltene Rolle für sich reklamieren. In immer mehr Städten setzen Frauen es durch, einzelne *pasos* ganz allein zu tragen.

Karprozessionen finden natürlich in allen Teilen Spaniens statt. Aber sie lassen sich nicht mit den andalusischen vergleichen. Vor einigen Jahren erlebte ich in Madrid das Ende einer Karwoche, die ich in Andalusien begonnen hatte. Meine Enttäuschung war groß, als ich in der smoggeschwängerten Luft der Metropole beobachtete, wie die Gläubigen ihre *tronos* nicht aus eigener Kraft trugen, sondern sie sichtlich lustlos auf Rädern durch die Straßen zogen.

Für Andalusier wäre eine Karprozessionen jedes Sinnes beraubt, wenn sie die Heiligenbildnisse nicht mit ihrer eigenen Körperkraft stützen. Das ganze Jahr hindurch üben die Träger die schwierige Aufgabe, die sie zu Ostern ohne Murren meistern wollen. Neben dem schieren Gewicht, das auf ihre Schultern drückt, macht ihnen die Sperrigkeit der *tronos* und *pasos* zu schaffen. Die *costaleros* müssen exakt manövrieren können, um die Statuen aus der Stammkirche hinaus- und wieder hineinzubefördern. Damit sind bei weitem nicht alle Widrigkeiten überstanden. In vielen Orten

müssen die gewichtigen Bildnisse steile Hänge empor-
getragen werden. In Antequera lösen die Bürger das
Problem, indem sie Anlauf nehmen und den *trono* mit
möglichst viel Schwung im Laufschritt bergaufwuch-
ten. Andernorts, zum Beispiel im alten Araberviertel
Albaicín in Granada, winden sich die Prozessionen
durch steile Gassen, in denen enge Kurven den Weg
zusätzlich erschweren. Eine Bekannte hat mit großem
Vergnügen einmal beobachtet, wie die *costaleros* mit
einer Plattform, auf die sie massenweise Sandsäcke ge-
schichtet hatten, trainierten. Um die Übung etwas un-
terhaltsamer zu gestalten, hatten die Träger ein Radio-
gerät mit lautstarken Boxen auf den Säcken plaziert,
das sich aus einer ebenfalls mitgeführten Autobatterie
speiste. So konnten sie bei ihrer Ostervorbereitung die
aktuellen Fußballspiele verfolgen.

Eine weitere Herausforderung für die Bruderschaften ist es, die einzelnen Züge miteinander zu koordi-
nieren. In Orten wie Sevilla, wo über fünfzig *cofradías*
aktiv sind, kommen auf jeden Tag der Karwoche im
Schnitt mindestens acht Prozessionen. Die nehmen
zwar nicht alle den gleichen Weg, aber viele wollen
natürlich an der Kathedrale haltmachen. Um zu verhindern, daß die Bruderschaften sich dabei gegenseitig
blockieren, gibt es deshalb genaue Zeitpläne. Ein
enormer Streßfaktor für die verantwortlichen *cofrades*
ist es, wenn das Wetter alle Planungen durcheinander-
bringt. Denn die Bruderschaften sind verständlicher-
weise bemüht, ihre sorgsam gepflegten Marien- und
Christusfiguren vor Regengüssen zu schützen. Im

schlimmsten aller Fälle können Prozessionen wegen schlechten Wetters abgesagt werden. Das ist dann so ziemlich das Bitterste, was einem *cofrade* passieren kann. Es ist tiefempfundenes Leid, das Emilio Bartolomé Troncoso zum Ausdruck brachte, als er nach dem in Sevilla außergewöhnlich verregneten Osterfest 1998 an die Freunde der *Semana Santa* folgendes schrieb: »Nach dem Ende dieser Karwoche, *amigos cofrades,* sind es nur noch 341 Tage, bis wir jenen ersten *nazareno* sehen können, der unsere Seele mit jener Geborgenheit erfüllen wird, die uns für das entschädigt, was wir alle in diesem Jahr erlitten haben.«

Die Glücksgefühle einer andalusischen Karwochenprozession wollen die Einheimischen auch ihren Kindern nicht vorenthalten. Teilweise sieht man Kapuzenträger mit einer Körpergröße von einem Meter zwanzig. Weil die konventionellen Bruderschaften jedoch Jungen und Mädchen nur widerwillig zum Zuge kommen lassen, haben fürsorgliche Eltern in Aguilar de la Frontera nahe Córdoba eine nachträgliche Karwoche ins Leben gerufen, ausschließlich für Kinder. Bei der *Semana Santa Chiquita* trägt die jüngste Generation am Sonntag nach Ostern kleine Jesus- und Marienbildnisse. In Almería gibt es während der Karwoche eine eigene Kinderprozession, mit einem zwanzig Zentimeter hohen Mini-Christus. Diese *Procesión del Cristito* wird von den offiziellen Bruderschaften allerdings nicht unterstützt, auch bei der Kirche findet sie keinen Rückhalt.

Während die christlichen Konfessionen in Europa

allgemein eher Probleme mit dem Nachwuchs haben, brauchen sich die andalusischen Osterbruderschaften um ihren Bestand mittelfristig keine Sorgen zu machen. Selbst Kirchenleute sind überrascht von der enormen Beliebtheit, die die Prozessionen seit einigen Jahren genießen. Wenngleich die Tradition bis in die Zeit nach der Rückeroberung Andalusiens durch die Christen zurückreicht – die älteste Bruderschaft in Sevilla wurde um 1340 gegründet –, sind doch nicht wenige der Vereinigungen erst im 20. Jahrhundert ins Leben gerufen worden. So mag der Name der »Bruderschaft des Heiligsten Sakramentes und Laienbruderschaft der Nazarener Unseres Seiner Kleider beraubten Vaters, der Heiligsten Maria des Süßen Namens und des Heiligen Evangelisten Johannes« nach lange vergangenen Jahrhunderten klingen. Zusammengetan haben sich die Brüder aus Granada im Jahre 1986.

Im 20. Jahrhundert hat die Tradition der andalusischen Karwoche dabei eine wechselvolle Geschichte erlebt. Zu Beginn des Jahrhunderts erfuhren die Osterprozessionen eine Wiederbelebung; zum Teil durch Gläubige, zum Teil durch Politiker und Geschäftsleute, die den Tourismus ankurbeln wollten. Es war eine widersprüchliche Zeit. Die äußerlichen Glaubensbekundungen verzeichneten regen Zulauf. Doch gleichzeitig empörte sich ein Teil des Volkes immer wieder gegen den übermächtigen Klerus und zündete Kirchen an. In dem Städtchen Niebla westlich von Huelva gingen Lokalpolitiker besonders subtil vor. »1922 wurde der Kirchenraum aus verkehrstechnischen Gründen durchbrochen«, erläutert ein Informationsblatt. Im persönlichen Gespräch ergänzte der Herr von der Tourismusbehörde, der Bürgermeister habe sich mit dem Pfarrer nicht gut verstanden und habe deshalb eine durchaus entbehrliche Straße quer durch die Kirche gelegt. Seitdem kann der Besucher auf der Straße stehend linkerhand die Apsis betrachten, rechterhand das Portal und über sich den freien Himmel. Auch den Triumph der zweiten spanischen Republik im Jahr 1931 feierten antiklerikal eingestellte Andalusier, indem sie Kirchen in Brand steckten. Dabei gingen viele Prozessionsutensilien verloren, ebenso wie im Bürgerkrieg, der von 1936 bis 1939 das Land umwälzte.

Ein Ende hatten die kirchenfeindlichen Umtriebe, als Francisco Franco diesen Krieg für sich entschied. Er fühlte sich von Gottes Gnade zum Diktator berufen und hielt seine schützende Hand über alles, was dem Katholizismus förderlich schien. So lebten die andalusischen Osterprozessionen wieder auf, die Plattformen der Christus- und Marienfiguren schwollen auf nie gekannte Dimensionen an – nicht immer zum Wohlgefallen der Kirchenoberen. Denen waren zum Beispiel in Málaga die riesenhaft dimensionierten *tronos* zu groß für ihre Kirchenräume und zu sperrig für die Portale. Außerdem war manchen Würdenträgern das schwer kontrollierbare Engagement der Laien suspekt.

In den sechziger und siebziger Jahren ließ der Wind

des Wandels, der über die westliche Welt wehte, Andalusien nicht ganz unberührt. Die überkommenen kirchlichen Riten verloren an Anziehungskraft. Doch als 1975 mit dem Tod Francos und dem Ende der Diktatur die zwanghafte Verbindung zwischen Kirche und Staat ein Ende hatte, führte die neue Freiheit den religiösen Prozessionen und Wallfahrten eine größere Anhängerschaft zu als je zuvor. Früher mußten Tagelöhner angeworben werden, um die tonnenschweren *tronos* oder *pasos* zu stemmen. Heute tragen sich die Menschen in Wartelisten ein, um dieser Ehre teilhaftig zu werden und zahlen auch noch dafür, wenn sie endlich an ihrem Ziel angekommen sind. Die Bruderschaften beziehen einen wesentlichen Teil ihrer Einnahmen aus diesen Teilnehmergebühren. Und die *cofradías* und *hermandades* sind überraschend modern geworden. Sie präsentieren sich im Internet mit Bildern ihrer *pasos,* machen genaue Angaben zur Zahl der Mitglieder und zum Weg ihrer Prozession, stellen ihre Begleitmärsche als Audio-Files ins Datennetz. Im frühen 21. Jahrhundert ist die Tradition der andalusischen Osterprozessionen lebendiger denn je.

Neben ihrer religiösen Anziehungskraft hat die *Semana Santa* eine weltliche. Sie geht mit einem Volksfest einher. Viele Andalusier nutzen die Gelegenheit um dem Alkohol zuzusprechen, und das in beachtlichem Umfang. Ob sie damit ihren Kummer über den Kreuzestod Christi zu betäuben suchen oder einfach aus dem Alltag ausscheren wollen, läßt sich nicht auseinanderhalten.

Unverhohlener noch als zu Ostern ist die weltliche Freude am kirchlichen Fest bei der Rocío-Wallfahrt. Sie führt jedes Pfingsten zu einem kleinen Flecken in Westandalusien und ist mit rund einer Million Menschen die bedeutendste Pilgerfahrt Spaniens und eine der wichtigsten in der gesamten Christenheit. Gläubige reisen aus allen Teilen der Iberischen Halbinsel an, um dem Abbild der Heiligen Jungfrau vom Morgentau ihre Verehrung zu bezeugen. Doch in erster Linie ist es ein Fest der andalusischen Pilger, die je nach ihrem Herkunftsort drei, vier Tage oder auch über eine Woche brauchen, bis sie nach Rocío gelangen. Der harte Kern der *rocieros* zählt mehrere zehntausend Menschen, die mit altertümlichen Ochsenwagen und zu Pferde nach Westen ziehen. Das ganze Jahr über bereiten sich die Bruderschaften auf die Wallfahrt vor und huldigen jede ihrem eigenen Abbild der *Virgen*. Auf ihrer Reise führen sie in mobilen Altären Standarten mit sich, die *Simpecados,* die Fahnen der Unbefleckten Empfängnis.

Die Herren legen zur Wallfahrt traditionelle Reitkleidung an, die Damen sind in bunte Flamenco-Kleider gewandet, wie man sie sonst nur bei weltlichen *ferias* sieht. Und wie bei diesen Festen nutzen die Wallfahrerinnen jede Gelegenheit, um eine *Sevillana* zu tanzen. Einen wesentlichen Teil des Proviants macht der einheimische Jerez-Wein aus. Viele Pilger entscheiden sich lieber für *Fino* oder *Manzanilla* als für Wasser, um den Staub herunterzuspülen, den sie auf ihrem Weg schlucken müssen. Allen Strapazen zum

Trotz gerät die Stimmung stets zu einer Mischung aus Hochamt, Karneval und gelungenem Betriebsausflug. Beim Campieren im milden andalusischen Frühsommer kommen sich unter dem besternten Himmel manche Pilgerinnen und Pilger auch fleischlich näher. Bei dieser Wallfahrt dürfen schon mal fünfe grade sein.

Niemand findet etwas dabei, daß der Pilgerweg mitten durch den streng geschützten Naturpark Coto de Doñana führt. In diesem wichtigsten Rückzugsgebiet Europas für Vögel ist der Zugang das ganze Jahr über streng beschränkt. Doch kurz vor Pfingsten haben Tausende Pilger die Erlaubnis, das Tierreservat in Feierlaune zu durchqueren. Das tun sie zum Teil relativ umweltfreundlich mit ihren traditionellen Ochsenwagen, aber auch Geländeautos mit Allradantrieb durchpflügen laut röhrend den Sand. Tonnenweise Abfall lassen die Wallfahrer zurück. Teilnehmer an Sozialprogrammen sammeln den Müll später wieder auf.

Die Lebenskraft des Rocío-Kultes speist sich aus seinen sinnlichen und weltlichen Komponenten. Darüber hinaus birgt er die Macht einer langen Tradition. Er geht bis ins 13. Jahrhundert zurück. Die Geschichte des verehrten Marienbildnisses hat mehrere Varianten, die teilweise widersprüchlich und verworren sind. Details sind aber nicht so wichtig, Hauptsache ist der ungetrübte feste Glaube der Pilger an die wundertätigen Kräfte der Jungfrau. Dieser Fähigkeiten teilhaftig werden möchten die Wallfahrer, indem sie die Plattform berühren, wenn die *Virgen* an den Pfingsttagen aus ihrem Schrein geholt und ins Freie getragen wird.

Das Gedränge der Massen steigert sich ins Unmenschliche, es geht schlimmer zu als bei der Verteilung von Lebensmitteln in einem seit Monaten von Hungersnot geplagten Gebiet. Wer das nicht versteht, muß sich eines vor Augen führen: Die Menschen haben das ganze Jahr über auf diesen einen Moment hingefiebert. Rocío-Wallfahrer, also *rociero* zu sein, ist eine Charaktereigenschaft. *Soy rociero* bekennen andalusische Autobesitzer voller Stolz mit einem Aufkleber.

Mitglied in einer *Rocío-hermandad* zu sein ist – wie bei den Karbruderschaften – mehr als eine Form kirchlichen Engagements. Wer in Andalusien Wallfahrer oder Mitglied einer Bruderschaft wird, stellt eine Verbindung zwischen materieller und geistiger Welt her, die anderswo völlig verlorengegangen ist. Historiker führen die Rocío-Wallfahrt bis auf Fruchtbarkeitsriten in den Zeiten zurück, als die Phönizier die Gegend besiedelten und das legendäre Tartessos-Reich blühte. Die Verehrung für althergebrachte Muttergottheiten habe nie aufgehört, sondern suche sich immer neue Erscheinungsformen; so läßt sich der Rocío-Kult erklären.

Die Wallfahrt nach Rocío ist bei weitem nicht das einzige Spektakel, das Jahrtausende in die Vergangenheit weist. Jede Region hat ihre eigene kleine Wallfahrt. Die können zwar vom Umfang her nicht mit dem Rocío-Kult mithalten, doch ihr archaischer Gehalt ist oft ähnlich groß. Wie die Rückbesinnung auf eine Naturreligion mutet es auch an, wenn die Bevölkerung andalusischer Küstenorte am 16. Juli Marienstatuen an den Strand oder bis ins Wasser trägt, um möglichst wenige Stürme und gute Erträge beim Fischfang zu erbitten. Religiosität ist in Andalusien also nicht nur eine geistliche Angelegenheit mit weltlichen Komponenten, darüber hinaus stellt sie eine direkte Verbindung mit der Natur her. Das hat ganz praktische Auswirkungen, so ist der Glaube in Andalusien ein Mittel, um das Klima zu beeinflussen. Und das ist manchmal bitter nötig, wie wir im folgenden Kapitel sehen werden.

Eine Haßliebe
Andalusien und die Sonne

In unserer Breiten ist das Wetter ein Thema, das sich gut für belanglose Plaudereien eignet. In Andalusien gilt das nur bedingt. Zwar reden die Einheimischen gerne mit Ausländern über die viele Sonne. Auch wenn der gemeinsame Wortschatz in der Regel beschränkt ist, die Worte *mucho sol* sind, verbunden mit einem Fingerzeig nach oben und einem wissenden Blick auf die gerötete Haut des Gastes, immer verständlich. Aber abgesehen von seiner Rolle als Stoff für Basiskonversation ist das Wetter eine Existenzfrage – ein so elementares Thema, daß es sich direkt mit der Religion verbindet.

In der Zeit zum Beispiel, als der Rest Europas sich im Ersten Weltkrieg zerfleischte, hatten die Bewohner Andalusiens andere Sorgen. Wassermangel waren sie gewohnt, doch ein solches Ausmaß von Trockenheit kannte selbst die leidgeprüfte Bevölkerung der Südprovinzen nur aus Erzählungen. Die Pflanzen verdorrten auf den Feldern, Tiere wurden krank, und auch die Menschen mußten ihre ganze Selbstbeherr-

schung aufbieten, um den akuten Mangel an Trinkwasser zu ertragen. Alles weitere erzählt ein aus sechzig Kacheln zusammengesetztes Gedenkbild an der
Kirche des Küstendorfes Rota in der Provinz Cádiz:

»In der hartnäckigen Dürre des Jahres 1917 erflehte
das Dorf Rota, bedrückt von der Aussicht furchtbarer
Not, die Gnade unseres Herrn Jesus von Nazareth in
einer inbrünstigen dreitägigen Andacht, und in der
letzten Nacht, der des 21. Dezember, wurde in einer
Bußprozession sein hochverehrtes Abbild ins Freie getragen, wo sich sofort der Himmel verdunkelte und,
wie von der Vorsehung bestimmt, üppiger Regen fiel,
diese Nacht hindurch und die folgenden Tage, bis die
herrschende Plage abgewendet war. Zur fortdauern-
den Erinnerung widmen die Söhne des Ortes dieses
Andenken des Dankes ihrem liebevollen Vater.«

Der Rückgriff auf Bittprozessionen, um Trocken-
perioden ein Ende zu bereiten, ist nicht auf eine mehr
oder minder ferne Vergangenheit beschränkt. Während von 1990 bis 1994 eine ausgedehnte Dürreperi-
ode den Andalusiern zusetzte, wurden in vielen Orten
immer wieder Heiligenbildnisse umhergetragen. Als
der Himmel schließlich ein Einsehen hatte und die seit
134 Jahren ergiebigsten Regenfälle den Wassermangel
behoben, sahen die Bischöfe Andalusiens einen direkten Zusammenhang mit den Fürbitten und Prozessionen, zu denen sie die Gläubigen aufgerufen hatten.

Alles Bitten hilft jedoch nichts in den Teilen Ostan-
dalusiens, die geographisch betrachtet Wüsten sind: In
der Umgebung von Almería fallen im Jahr weniger als

200 Millimeter Regen. Mit dem Mangel an Niederschlägen geht eine entsprechende Hitze einher. Sommertemperaturen von vierzig Grad Celsius sind vor allem in der Guadalquivir-Ebene keine Seltenheit. Der Spitzname *sartén* - »die Bratpfanne« – für die Stadt Écija ist überregional bekannt. Der Begriff ist nicht nur eine Metapher, in Andalusien kann man tatsächlich die sprichwörtlichen Spiegeleier auf den von der Sonne erhitzten Steinen braten. Ich selbst habe es noch nicht versucht, ich ziehe in einer Küche zubereitete Speisen vor.

Ein solches Klima hat natürlich auch Vorteile. Bei 3000 Sonnenstunden im Jahr hatten die Tourismusplaner eine gute statistische Grundlage, um die Küste rund um Málaga auf den Namen Costa del Sol zu taufen. Die dortige Sonnenscheindauer übertrifft Norddeutschland um fast 100 Prozent. Die Stadt Torrox Costa rühmt sich auf Schildern am Ortseingang ohne einen Anflug von Selbstzweifel, in ihren Grenzen herrsche das beste Klima Europas. Etwas rauher, falls dieser Begriff überhaupt greift, ist das Klima an der andalusischen Atlantikküste, wo der stetige Westwind die Temperaturen etwas niedriger hält. Für die dort gelegenen Strände haben die Tourismusmanager mit dem Namen Costa de la Luz – »Lichtküste« – einen ebenfalls recht treffenden Namen gefunden: Selbst wenn die Sonnenstrahlen nicht immer die gleiche wärmende Kraft wie an der Mittelmeerküste haben mögen, so erhellen sie doch auch hier die Landschaft und das menschliche Gemüt.

Die Sonne ist für Andalusien gleichermaßen Prüfung und ertragsträchtiges Kapital. Die Einheimischen tun sich allerdings etwas schwer damit, die Vorteile und die Nachteile des Klimas miteinander in Einklang zu bringen. Die mit dem Argument des hervorragenden Wetters herbeigelockten Touristen brauchen hektoliterweise Wasser für Swimmingpools und Duschen. Und auch wenn es bei einer Fahrt durch die Wüstenregionen Andalusiens unglaubwürdig scheinen mag: Die Gegend setzt immer stärker darauf, zum Dorado für Golfer zu werden. Die Costa del Sol hat bereits den Zweitnamen »Costa del Golf« verliehen bekommen. Und die Freunde der letzten Sportart mit dem Nimbus der Exklusivität wollen natürlich nicht auf Trockenrasen spielen, sondern auf saftig grünen, täglich gesprengten Grasflächen. Auch zu diesem Zweck wird nicht nur in Zisternen gesammeltes Nutzwasser verwendet, sondern aufwendig herbeigeschafftes Trinkwasser.

Es kommt somit nicht nur wenig Naß von oben. Die Feuchtigkeit, die der Himmel zur Verfügung stellt, wird in Andalusien großzügig in den Kreislauf der Natur zurückgegeben. Mit fast der gleichen Regelmäßigkeit, mit der es Sommer wird, kommt es deshalb immer wieder zu Wasserknappheit. *Hay sequía* – »Es herrscht Trockenheit«, verkünden dann Informationszettel. Wenn die Not besonders groß ist, stellen die Behörden stundenweise das Wasser ab. Meist versuchen sie freundlicherweise, die Rationierung auf die Nachtstunden zu legen.

Bemerkenswert fand ich die Sparmaßnahmen in einem netten Hotel in der Wüstenregion Cabo de Gata. Dort war im Badezimmer eine sehr einladende Wanne im klassischen Design der fünfziger Jahre installiert mit gewaltigem Fassungsvermögen. Ein großes Blatt Papier über der Wanne dämpfte sogleich die Freude des Gastes auf ein ausgiebiges Bad. Darauf tat der Besitzer des Schmuckstücks kund, er wolle die Wanne aus Gründen der Ästhetik im Badezimmer belassen. Das sei aber nur möglich, wenn die Gäste sie nicht benutzen. Andernfalls gebe es akute Probleme mit der Wasserversorgung des ganzen Hauses.

Man kann nicht umhin festzustellen: Mit Vernunft Wasser zu sparen, fällt den einzelnen Andalusiern nicht leicht. Sie haben auch nicht immer die besten Vorbilder. Manche Stadtverwaltung hält unbeirrt an dem guten alten Brauch fest, die Straßen regelmäßig von Tankwagen abspritzen zu lassen. Das säubert ungemein und sorgt für kühle Frische. Das Wasser fließt allerdings nur zu einem geringen Teil zurück in die Kanalisation, wo es wiederaufbereitet werden könnte. Statt dessen verdampft es.

Das probateste Mittel zur Sicherung der Wasserversorgung sehen viele Regionalplaner im Bau von Staudämmen. Damit wollen sie verhindern, daß der Nachschub mit dem lebensnotwendigen Naß völlig ausbleibt. In Zeiten großer Regenarmut studieren Zeitungsleser die Meldungen über den Wasserstand mit fast der gleichen Aufmerksamkeit wie Fußballtabellen und Aktienindizes. Die Erkenntnis jedoch, daß

Staudämme das Wasser nur anders verteilen, aber nicht vermehren können, ist in Andalusien nicht sonderlich populär.

So wie die Bevölkerung der Wasserknappheit mit einem gewissen Fatalismus begegnet, nimmt sie auch die infolge der Trockenheit immer wiederkehrenden Waldbrände hin. Hin und wieder entstehen die Brände tatsächlich durch Selbstentzündung oder Blitzschlag. Häufig sind sie aber auch das Werk von Brandstiftern, die das Land lieber für andere Zwecke nutzen wollen – als Weide oder als Baugrund. Und mit der steigenden Zahl von Touristen im Binnenland wächst die Gefahr, daß Lagerfeuer nachlässig gelöscht oder unachtsam Zigarettenkippen weggeworfen werden.

Große Flächen des Landes sind jedoch nicht mehr von Bränden bedroht, weil dort seit Jahrhunderten kein Baum mehr wächst. Andalusien ist nicht nur eine der ältesten Kulturlandschaften Europas, sondern auch eine der Landschaften mit der längsten Tradition der Abholzung. Wiederaufforstung ist ein mühsames Unterfangen auf dem kahlen, ausgedörrten Boden, zumal die Bodenkrume vielfach dramatisch ausgedünnt ist. Hier schließt sich der Kreis: Es fehlt die Vegetation, die nötig wäre, um den Boden festzuhalten, und die Erosion schreitet fort. Weil Regen zu den Ausnahmen gezählt wird, halten sich die Maßnahmen, um der Auswaschung zu begegnen, in engen Grenzen. Folglich sorgen die seltenen ergiebigen Niederschläge fast jedesmal für Erdrutsche und verfrachten tonnenweise Land ins Meer.

Der Gegensatz zwischen Wasserarmut und Regen-
fällen ist nicht das einzige Klimaphänomen, mit dem
die Einheimischen ringen müssen. Im Ausland weniger bekannt, deswegen aber nicht weniger bedeutsam,
sind die Herausforderungen, die der Wechsel von
Hitze und Kälte mit sich bringt. Viele andalusische
Landarbeiter verrichten ihr Tagewerk im Winter bei
klirrender Kälte. Die Haupterntezeit der Oliven fällt
in den Januar, auf den Monat, in dem über Andalusiens Hügel ein eisiger Wind pfeift. Egal, ob die Sonne
scheint oder nicht.

Nicht nur die Minderheit der Landarbeiter in den
Olivenhainen leidet unter dem andalusischen Winter.
Auch in den Städten und Dörfern kann die Zeit zwi-
schen Oktober und April ausgesprochen kühl sein.
Napoleon wird der Satz zugeschrieben, wonach er im
nordspanischen Burgos mehr gefroren habe als in
Moskau. In Anlehnung daran behauptet der spanische
Journalist José María Carrascal, auch in Sevilla könne
man stärker frieren als im Herzen Rußlands. Während
einer Osterprozession habe er sich dort in einen Eis-
zapfen verwandelt: »Aber das schlimmste war das
Zimmer in der Pension, mit Bettüchern, die vor
Feuchtigkeit schier trieften und zwischen denen man
sich nicht rühren konnte. Jedesmal wenn ich mich
daran erinnere, schüttelt es mich vor Kälte.«

Ich kann seine Erfahrung zum Glück nicht teilen,
ich habe zur Osterzeit nahe Sevilla vielmehr schon
Schattentemperaturen von über dreißig Grad erlebt.
Aber in einer Beobachtung muß ich dem Kollegen

Carrascal zustimmen: Die Häuser in Südspanien sind ausschließlich so konstruiert, daß sie möglichst effektiv die Hitze des Sommers abhalten. Für die Kälte des Winters sind sie nicht ausgestattet, und die kann auf den bergigen Höhen des andalusischen Binnenlandes ganz beachtlich sein. In Granada (685 Meter über dem Meer) oder in Jaén (560 Meter über dem Meer) ist es darum eine eher unangenehme Erfahrung, daß es hier im Winter in den Wohnungen kühler ist als in den Gassen. Wobei die kalte Jahreszeit nicht unbedingt am 21. März endet. Hobbyfotografen mögen jubeln, wenn Anfang Mai noch üppig Neuschnee in der Sierra Nevada fällt, der Bilder von der Alhambra oder andere Motive noch zauberhafter ausfallen läßt. Seitdem ich einmal eine Wohnung in einem Bergort der Sierra Nevada für diesen Zeitraum gemietet hatte, im Irrglauben, der Mai sei auch in andalusischen Höhenlagen stets mild, habe ich eine andere Einstellung zu Schneefällen in dieser Jahreszeit. José María Carrascal erläutert mit den winterlich-kühlen Temperaturen auch eine Eigenart Südspaniens, die wiederum vor allem Fotografen in Verzückung setzt: »So erklären sich jene typischen Szenen der alten Weiblein, die vor ihrer Haustür in der Sonne sitzen. Wenn sie drinnen blieben, müßten sie erfrieren.«

So wie es kaum ein Andalusier der Mühe wert findet, der Kälte des Winters mit technischen Hilfsmitteln zu begegnen, etwa mit einer einigermaßen modernen Heizung, so ist auch die Errungenschaft der Klimaanlage wenig verbreitet, um die oft drückende

Hitze im Sommer zu mildern. Statt dessen vertrauen die Einheimischen auf die kühlende Kraft ihrer weiß gekalkten Steinhäuser. Manche Stadtverwaltungen lassen im Sommer große Stoffbahnen über die Gassen spannen, die Schatten spenden und damit die Temperaturen dämpfen. An einigen Orten halten sich auch städtebauliche Raritäten, die einen kühlen Kopf bewahren helfen. Dort, wo die Geologie es erlaubt, erleben Höhlenwohnungen wieder einen gewissen Aufschwung. In ostandalusischen Orten wie Guadix wissen die Anwohner es seit Jahrhunderten zu schätzen, daß eine ins weiche Gestein gegrabene Behausung nicht nur den Geldbeutel schont, sondern auch für ein angenehmes Wohnklima sorgt. Die Wohnhöhlen sind im Sommer auf rund 18 Grad temperiert, im Winter etwas darunter. Weil freilich Fenster fehlen und anderer Luxus schwieriger zu installieren ist, haben viele der einstigen Bewohner ihre Höhlen verlassen, sobald sie sich etwas Komfortableres leisten konnten. Doch inzwischen werden die *cuevas* wieder gepflegt – als Zweitwohnung und auch als Höhlen-Hotels für Kurzzeit-Troglodyten mit gehobenen Ansprüchen.

Höhlenwohnungen sind auch in Andalusien ein eher exotisches Hilfsmittel gegen die Hitze. Ein wesentlich weiter verbreitetes Rezept, um mit den Sommertemperaturen zu leben, ist die weltberühmte Institution der Siesta. Es wäre aber ein Fehler zu glauben, daß die Mehrzahl der Andalusier in der Zeit der Mittagshitze schlafen würde. Die Siesta bedeutet vielmehr Stunden verminderter Aktivität, Zeit für ein gemütliches, ausführliches Essen und Raum für Muße. Für Reisende wichtig zu wissen ist, daß folglich etliche Geschäfte von circa 14 Uhr bis tief in den Nachmittag geschlossen sind. Das gleiche gilt für zahlreiche Museen oder Banken. In den touristisch gut erschlossenen Küstenregionen mehren sich natürlich auch in diesem Bereich die Ausnahmen von der Regel. Und die vollklimatisierten großen Einkaufszentren auf der grünen Wiese kennen gar keine Siesta mehr.

Ich persönlich empfinde die altandalusische Haltung, der Sommerhitze mit den Mitteln der Natur zu begegnen, als sehr angenehm. Diese Einstellung beläßt den Menschen auf dem Aktivitätsniveau, das ihm sein Körper aus der Erfahrung von Millionen von Jahren für die jeweilige Temperatur empfiehlt. Die geringe Verbreitung von Klimaanlagen darf man allerdings nicht so deuten, daß die Andalusier Anhänger einer Bewegung wären, die den Weg zurück zur Natur sucht. Sie bleiben einfach bei dem, was sie gewohnt sind. In Skigebieten hegen sie keinerlei Scheu, das natürliche Klima zu beeinflussen oder abzuwandeln. In der Sierra Nevada schaffen Schneekanonen rund um den Retorten-Skiort Puertollano befahrbare Pisten, selbst wenn es monatelang kaum Niederschläge gegeben hat, und sie strecken die Skisaison bis Ende April. Auf diese Weise kann sich der Reisende ohne Probleme mittags unter Skifahrern bewegen und nachmittags an der Küste im Meer baden, sofern dort das Wetter mitmacht und er sich einer robusten Konstitution erfreut. Ich habe mir bei der Zusammenlegung von Sommer- und Wintersport einen gehörigen Schnupfen eingehandelt.

Am Fuße der Sierra Nevada hingegen gilt der Kampf den leichten Schwankungen des Klimas. Plastikplanen bedecken quadratkilometerweise das Land und vermitteln den Eindruck, ein irrsinnig gewordener Christo hätte Generalvollmacht erhalten, um die Küste neu zu gestalten. Der Hintergrund ist profaner. Hier wachsen die Tomaten, Salatköpfe und Paprika, die Europas Gemüseregale füllen. *Invernaderos* heißen die mit geringem Aufwand zusammengesteckten Treibhäuser. Doch hier dienen sie nicht dazu, die Widrigkeiten des Winters (*invierno*) fernzuhalten, wie der Name nahelegt. Es geht darum, die Zahl der Ernten auf ein Maximum zu steigern. Intensive Kunststoff-Landwirtschaft prägt auch das Land um Huelva, wo speziell gezüchtete Erdbeeren unter direkt auf dem Boden liegenden Plastikplanen und mit großem Aufwand an Bewässerung schon reifen, wenn bei uns die ersten Schneeglöckchen sprießen.

Weit prägender als diese Form des Ackerbaus ist und bleibt in Andalusien aber die Landwirtschaft, die sich mit dem begnügt, was die Natur bereitstellt: mäßig fruchtbare Böden, viel Sonne, wenig Wasser und in tiefen Lagen kaum jemals Frost. Die hierfür ideale Kulturpflanze ist der Olivenbaum. Es ist wohl nicht übertrieben zu sagen, daß Andalusien und den Ölbaum eine besondere, eine geradezu mystische Beziehung verbindet. Mit einer nicht zu überbietenden Konsequenz haben die Andalusier die Landschaften um Jaén oder Córdoba mit Olivenpflanzungen überzogen. Rund viermal mehr Ölbäume stehen hier, als ganz Spanien Einwohner hat. Bestrebungen, hie und da die Oliven zum Beispiel durch Sonnenblumen zu ersetzen, weil diese sich leichter mit Maschinen bearbeiten lassen, konnten die Dominanz des Olivenbaumes in der andalusischen Agrarlandschaft nicht wesentlich beeinträchtigen.

Die Olive hat den Ruf, sowohl Lebensmittel als auch Medizin zu sein; ihr Öl beuge Herzerkrankungen vor und helfe verschiedene Krebsarten vermeiden, so versichern die Herstellerverbände. Darüber hinaus mildere die Wunderflüssigkeit Arthritis, reguliere den Blutdruck, verzögere die Alterung der Zellen und verschönere die Haut. Wer nun glaubt, die Olive hätte nur eine praktische Bedeutung, der irrt. Sie hat auch eine wichtige metaphysische, ästhetische Komponente. Ihr Zauber hat etliche Poeten inspiriert. Federico García Lorca schrieb vom »Land der Olivenbäume, das wie ein Fächer sich öffnet und schließt«. Und wenn sein Zeitgenosse Antonio Machado seine Heimat betrachtete, sah er »das andalusische Land, durchkämmt von der Sonne der Hundstage, durchfurcht von Hügel zu Hügel, von Ölbaum zu Ölbaum«. Felipe Molina Verdejo krönt die Faszination für den Baum mit den Worten: »Wenn ich Deinen wilden und stolzen Stamm erblicke / Deinen fast menschlichen Stamm, Vater Ölbaum / einen heidnischen Gott, roh und schlicht / dann entdecke ich Dich, einen alten Gott Iberiens«.

Neben diesen sinnlichen bis übersinnlichen Komponenten in der Beziehung der Andalusier zu ihrer wichtigsten Kulturpflanze gibt es einen ganz profanen wirtschaftlichen Aspekt. Insbesondere dank der andalusischen Monokulturen ist Spanien weltweit führender Exporteur von Olivenöl. Die damit verbundene Industrie sichert Tausenden von Arbeitnehmern ihren Lebensunterhalt. Und nicht zuletzt trägt die Olive zur Gastronomie rundweg Erfreuliches bei. Das kann die andalusische Küche durchaus gebrauchen, wie Sie im folgenden Kapitel sehen werden.

Auf der Suche nach dem verborgenen Genuß
Andalusische Gastronomie

*E*s ist nicht übermäßig viel, was die spanische Küche zum Speisezettel der Feinschmecker beigetragen hat.« In seinem millionenfach verkauften Buch *Kochen – die neue große Schule* findet Arnold Zabert für die kulinarischen Errungenschaften der Iberischen Halbinsel wenig schmeichelhafte Worte. In diesem Bereich ist die Situation in Andalusien wiederum etwas akzentuierter als im Landesdurchschnitt. Essen und Trinken sind hier Themen, die eine differenzierte Betrachtung erfordern.

Zunächst sollte man sich den historischen und klimatischen Hintergrund verdeutlichen, vor dem die andalusische Küche entstanden ist. In der Vergangenheit war die Gegend, zumindest jenseits der urbanen Zentren, vorwiegend ärmlich. Heute hat sich das meines Erachtens grundlegend geändert, aber dazu kommen wir noch. Dem Boden landwirtschaftliche Erträge abzugewinnen ist jedenfalls nicht einfach. Am ehesten wachsen genügsame und wärmeliebende Pflanzen wie Oliven, Zwiebeln, Tomaten und Knoblauch. Womit auch schon in etwa die Hauptelemente des andalusischen Speisezettels genannt wären. Um das Nationalgericht, die kalte Suppe *gazpacho,* zuzubereiten, läßt man die Oliven weg, dem anderen genannten Gemüse fügt man noch Gurken hinzu, damit die Suppe mehr Flüssigkeit hat, dann, falls vorhanden, etwas Paprika, und eventuell noch Essig. Der *gazpacho* wird kalt gegessen – das sei in der großen Hitze Andalusiens genußreicher, ist allenthalben zu lesen. Ein weiterer Aspekt ist meines Erachtens, daß es in einer Zeit, als man noch nicht mit Gas kochte und Feuerholz ein knappes Gut darstellte, nahelag, eine Kaltschale zu kreieren.

Damit die andalusische Gastronomie nicht zu sehr den Ruch einer Armenküche bekommt, will ich ausdrücklich feststellen: Ein guter *gazpacho* ist etwas Wunderbares, ebenso seine Abwandlungen *salmorejo* mit Ei und Brot oder *ajoblanco* mit Mandeln und Bohnen. Doch reicht die Gazpachofamilie aus, um das Essen zu einem lustvollen Element des Lebens zu machen? Vielen Andalusiern erscheint eine solche Frage völlig sinnlos. In der andalusischen Tradition steht die Funktion des Essens als Genuß meist an zweiter oder dritter Stelle. Essen soll satt machen. Außerdem ist es eine Gelegenheit, um Zeit mit der Familie oder Freunden zu verbringen. Der Geschmack spielt nicht unbedingt die Hauptrolle.

Den geringen Ehrgeiz, in die oberste Weltklasse der Kochkunst aufzusteigen, kann man den Andalusiern nicht vorwerfen. Über Generationen haben viele von ihnen die Heimat verlassen, um dem Hunger zu entfliehen. Das Volk hatte lange Zeit andere Sorgen, als eine verfeinerte Küche zu entwickeln. Aber es wäre unredlich, einem Andalusien-Reisenden vorzugaukeln, er begebe sich in ein kulinarisches Paradies.

Immer wieder ist zu lesen, die morgenländische Episode in Andalusiens Geschichte habe auf der Speisekarte deutliche Spuren hinterlassen. Die Regionalregierung behauptet: »Die Feinheiten der arabischen Küche, die im Norden weithin unbekannt ist, haben viele Bräuche in Andalusien verändert.« Bei der Aufzählung der »Feinheiten« hält sich die *Junta de Andalucía* in ihrer Informationsschrift bezeichnenderweise mit Details zurück und fährt fort: »Aus dieser Zeit stammen das Eßzimmer und die heutige Abfolge der Gänge.« Andere Autoren behaupten, die andalusische Küche sei durch exotische Gewürze wie Cumin oder Safran geprägt und hebe sich dadurch von der restspanischen Gastronomie ab. Ich muß gestehen, daß sich das mit meinen Erfahrungen nicht deckt. Ich kann zwar nur für wenige private andalusische Küchen sprechen und muß meine Beobachtungen vor allem auf Restaurants stützen. Dabei will ich nicht die wenigen Gastronomen mitzählen, die sich auf die Wiederbelebung dessen spezialisieren, was sie zum arabischen Erbe erklären. Ich rede auch nicht von den Restaurants in den staatlichen *Paradores*, denn die haben offiziell den Auftrag, die jeweils regionale Küche zu kultivieren. Ich spreche von den vielen, vielen Gasthäusern, die sich in Gassen und Straßen anbieten, um Passanten satt zu machen oder ihnen vielleicht die eine oder andere Gaumenfreude zu gewähren. Und in diesen Alltagsrestaurants habe ich den klaren Eindruck gewonnen: Die andalusische Küche ist nicht exotisch und auch nicht raffiniert. Sie ist bodenständig, praktisch und etwas konservativ.

Bodenständig heißt, sie bedient sich in erster Linie der Grundstoffe, die ohne großen Aufwand bereitstehen. Welche das im Bereich des Gemüses sind, habe ich bereits erläutert. Beim Fleisch kommen dann vor allem noch Kleintiere wie Huhn *(pollo),* Kaninchen *(conejo)* und Lamm *(cordero)* dazu. (Ich möchte fast eine Wette ausloben, daß es keine andalusische Speisekarte gibt, auf der Knoblauchhuhn – *pollo al ajillo* - fehlt, es könnte auch als *pollo pil pil* getarnt sein.) Außerdem gibt es Fleischstücke von Schwein und Rind. An der Küste kommt auf die Karte, was an Fisch und Meeresgetier verfügbar ist, wiederum gern mit Knoblauch – *al ajillo*. Diejenigen Restaurants, die sich auf die Fänge aus Atlantik und Mittelmeer spezialisieren, können immerhin echte kulinarische Schätze heben in Form von Krabben, Muscheln, Schwertfisch, Thunfisch, Seeteufel und so fort. Ich habe es mir zur Gewohnheit gemacht, so oft als nur möglich in Andalusien Fisch und Meeresfrüchte zu essen. Dies bietet mir persönlich die größte Gewähr dafür, den Tisch nicht nur satt, sondern auch zufrieden zu verlassen.

Praktisch nenne ich die andalusische Küche, weil sie zum Beispiel das *pollo* nicht aufwendig filetiert und möglicherweise wesentliche Teile davon wegwirft. Das Huhn wird mit scharfen Instrumenten in handliche Stücke zerhauen, zwar ohne Federn, aber mit Knochen. Der Esser muß selbst sehen, wie er ans Fleisch gelangt. Damit keine Mißverständnisse aufkommen: Ich habe *pollo al ajillo* schon oft mit großem Genuß gegessen. Aber es ist kein verfeinertes Rezept, und wir sprechen nicht über Hühnerbrustfilets marengo.

Praktisch nenne ich zum Beispiel die Einstellung des Kochs in einem Landgasthaus nahe Alhaurín el Grande, der einen Wildeintopf auf die Karte geschrieben hatte. Auf dem großen Teller mit dem Eintopf lagen einzelne leckere Fleischstückchen, daneben einiges an Innereien. Als dekorative Krönung grinste den Gast der knochige Schädel eines kleinen Rehs freundlich an, der ziemlich mittig in den Teller plaziert war. Diese überaus rationelle Verwertung aller Ressourcen ließ leider den Freund, der mich auf der Fahrt begleitete, davon Abstand nehmen, seinen Teil an dem Eintopf aufzuessen. Er begnügte sich mit der Standardbeilage *patatas fritas*, der landesüblichen Variante der internationalen Kartoffelspezialität Pommes frites. Er konnte sich damit trösten, daß diese in dem guten Olivenöl fritiert waren.

Konservativ nenne ich es schließlich, wenn andalusische Köche direkt vor der Haustür landwirtschaftliche Betriebe haben, die Salat und Gemüse aller Art für ganz Europa produzieren, doch die Wirtshäuser der Umgebung ausschließlich beim Dreiklang aus Zwiebeln, Knoblauch und Tomaten verharren. Auch die Vielfalt an Kräutern, die im mediterranen Klima gedeihen, schlägt sich kaum in der Küche nieder. Der Rosmarin, der überall wild wächst, mag zu Ostern auf die Straßen gestreut werden, bevor Prozessionsteilnehmer darüberschreiten – aber als Gewürz bleibt er die Ausnahme. Besonders auffällig ist die schwer verständliche Selbstbeschränkung bei der Olive. Sie findet sich fast in jeder Speise – allerdings nur in gepreßter Form, als Öl. Die Olivenfrucht als solche wird Ihnen kaum je als Bereicherung einer Fleisch- oder Fischspeise oder eines Salates begegnen. Beim Salat greifen die Köche eher noch zu Konserven mit Mais und Rote Beete, die erweitern das Farbspektrum und sehen deshalb hübsch aus. Nur eine Insel der Gastronomie verteidigen die Olivenfrüchte erfolgreich: Sie werden gern als Beilage zu Bier oder Wein gereicht.

Konservativ ist auch die nur mäßige Offenheit der Andalusier für andere Küchen. Briten oder Deutsche haben die Mängel ihrer eigenen Restaurantszene in den vergangenen Jahren recht gut dadurch ausgleichen können, daß sie sich für gastronomische Einflüsse aus dem Ausland öffneten. Deutsche Chefköche haben keine Probleme damit, ihre Schweinemedaillons mit Spinat-Fettucine als Beilage zu reichen. Die Gestalter andalusischer Speisekarten sind bei solchen Neuerungen zögerlich. Nur in ihrer primitivsten Form halten Elemente fremder Küchen Einzug, die Küste wird mit Fish-and-Chips-Buden und Würstchenbratereien überflutet. Diese Art der Internationalisierung ist aber kaum geeignet, das Niveau der einheimischen Küche anzuheben. Die inzwischen weit verbreitete *paella frankfurt,* bei der kleingeschnittene Würstchen die traditionelle Reisgrundlage bedecken, ist wirklich kein Fortschritt.

Ich sagte es bereits: Die andalusische Küche muß man vor dem Hintergrund der Wirtschaftsgeschichte betrachten. Speisen wie *patatas a lo pobre* (Kartoffeln des Armen Mannes – mit Zwiebeln und Paprika) oder *migas* (Brotkrumen, meist geröstet) sind Produkte knapper Haushaltskassen, die die Phantasie andalusischer Köche und Köchinnen einengten. Eigentlich könnte diese Periode aber überwunden sein. Auch wenn Andalusiens Wirtschaftsleistung weiterhin unter dem west-mitteleuropäischen Durchschnitt liegen mag, so sprechen die Einkommensstatistiken doch dafür, daß strenges Sparen in der Küche nicht mehr angesagt ist.

Lange eingeübte Verhaltensmuster lassen sich aber offenbar nicht so einfach abschütteln. Sie präsentieren sich heute einfach in anderer Gestalt. So nutzen viele andalusische Köchinnen und Köche die Mittel der modernen Technik, um das Sparen bei der Essenszubereitung in einer Art und Weise zu perfektionieren, die früher gar nicht möglich war. Ein schönes Beispiel dafür ist die *paella.* Die Reisspeise mit vielerlei Zutaten gilt als spanisches Nationalgericht, dessen Urheberschaft die Region Valencia reklamiert. Auch Andalusien pflegt eine umfangreiche *paella*-Kultur, von der festlichen Familien*paella,* die am Wochenende in großen Pfannen zubereitet wird, bis zu Produkten von Franchise-Unternehmen wie »El Paellador«, die das Gericht in die Fast-Food-Sphäre zerren wollen. Zur echten *paella* gehört eine ordentliche Prise Safran, der ihr nicht nur einen feinen Geschmack, sondern obendrein eine kräftige gelbe Farbe verleiht. Nun ist echter Safran teuer. Und mancher scheut diese Ausgabe. Deshalb steht in vielen andalusischen Gewürzregalen ein Gläschen mit Speisefarbe. Der *colorante* enthält die Ersatzstoffe E-102 sowie E-110, die Verbraucherschützer als gefährlich einschätzen, und »er gibt eine hervorragende goldene Farbe an Ihre Speisen, besonders empfehlenswert für *paella«,* so erläutert der Hersteller auf der Verpackung. Eingedenk dieser Tatsache müssen Sie sich nicht wundern, wenn eine *paella* mit wunderbar gelben Reiskörnern so gar nicht nach Safran schmeckt.

Preisgünstig zubereitetes Essen mag also Gesundheitsgefahren bergen, es ist aber ein gutes Werbeinstrument. Deshalb bemühen sich andalusische Restaurants aktiv um Kunden, indem sie dreigängige Menüs inklusive Getränk anbieten, die weniger kosten als ein Pfund Qualitätskaffee im Supermarkt. Das ist um so auffälliger, als die Zeiten, da das allgemeine Preisniveau in Spanien und gerade in Südspanien weit niedriger lag als in Zentraleuropa, der Vergangenheit angehören. Das *Menú del Día* verspricht nichtsdestoweniger etwas, das meiner Ansicht nach überall auf der Welt unmöglich ist: Gutes Essen – aber billiger, als wenn man es selbst zubereiten würde. Dabei muß man zwischen zwei Kategorien dieser Menüs unterscheiden. Zum einen gibt es das *Menú del Día,* dessen Zutaten der Wirt so günstig eingekauft hat, daß er trotz des niedrigen Preises eine gewisse Gewinnspanne erzielt. Man braucht großes Glück und einen begnadeten Koch als Verbündeten, damit ein solches Essen geschmackliche Mindestansprüche erfüllt. Die zweite Variante offeriert ein anspruchsvolleres Restaurant, das für seine mit gastronomischem Berufsethos zubereiteten Speisen kostendeckende Preise verlangt. Es stellt sein *Menú del Día* aus Teilen der allgemeinen Karte zusammen und hängt es am Eingang lediglich als Lockvogel aus − weil es eigentlich die Kosten nicht deckt. Hier setzt der Wirt darauf, daß sein Preisknüller Gäste anzieht, die, sobald sie Platz genommen habe, *á la carte* bestellen. Tatsächlich ein Tagesmenü zu ordern gelingt in diesen Restaurants nur mit einigem Nachfragen.

Ein weiteres Indiz für die bedauerliche Prioritätensetzung vieler andalusischer Köche ist die Tatsache, daß sie an einem althergebrachten Bewertungssystem festhalten. Es lehnt sich an die Kategorisierung an, die Hotels durch die Vergabe von Sternen in eine Rangfolge bringt. Analog dazu können Restaurants ihre Eingruppierung mit einer bestimmten Anzahl Gabeln anzeigen. Eine Gabel ist eher bescheiden, fünf Gabeln wären Spitzenklasse. Ich verwende hier bewußt das Konditional, denn Sie werden kaum jemals mehr als zwei Gabeln auf einem Werbeschild sehen. Das ist nicht weiter tragisch, denn die *tenedores* werden nach

Kriterien vergeben, die weniger mit kulinarischen Qualitäten zu tun haben, als vielmehr mit Sekundärtugenden des Restaurantbesitzers. So wie in der Hotellerie die Zahl der Sterne etwas über die Ausstattung mit Fernseher und Minibar aussagt, aber wenig über die Wohnqualität, so gibt die Zahl der Gabeln bei den Gaststätten allein darüber Aufschluß, ob sie bestimmte Vorgaben hinsichtlich der Fläche ihrer Bewirtungsräume und der Länge der Speisekarte erfüllen. Dafür, wie das Essen schmeckt, das ein solches Restaurant anbietet, sind die Gabeln kein Anhaltspunkt.

Tief blicken läßt auch die Existenz eines weiteren Relikts staatlicher Regelungen, das sich in der Gastronomie dauerhaft hält, das *Libro de Reclamaciones*. In diesem Beschwerdebuch können Kunden im Prinzip in allen Einrichtungen mit Publikumsverkehr, vom Museum über die Kassierstube einer Autobahn bis zu Restaurants und Kneipen, ihre Beanstandungen äußern. Ich halte diese Einrichtung für wenig hilfreich. Denn sie ist aus einer rückwärtsgewandten Philosophie geboren: Die Wirte sollen nicht aus eigener reifer Entscheidung Sorge um die Zufriedenheit ihrer Kunden haben. Vielmehr soll ihnen ein papierenes Über-Ich die Furcht einflößen, die Gäste könnten ihre Klagen über Essen oder Service schriftlich niederlegen und deswegen die zuständigen Behörden bei der nächsten Durchsicht des Buches auf solche Mißstände aufmerksam werden.

Ein gewisser Traditionalismus, in dem sich auch der Sparwillen immer wieder regeneriert, hemmt also die andalusische Gastronomie, ihre Möglichkeiten voll auszuschöpfen. Überraschenderweise gibt es einige kulinarische Spezialitäten, vor denen der Spardrang haltmacht. Die aufwendig luftgetrockneten Jabugo-Schinken aus der Sierra de Aracena sind national wie international geschätzt und werden teuer bezahlt, ebenso die Schinken aus Trevélez in der Sierra Nevada. Dort haben die Produzenten besondere Eicheldiäten für die Schweine ersonnen, mit denen sie ihre vorzüglichen Qualitäten erzielen. Reine Spielerei sind die Schinkenmuseen, die *Museos del Jamón,* die immer wieder am Straßenrand auf sich aufmerksam machen. Die Benennung ist irreführend, denn es handelt sich um Verkaufsstellen und nicht um Kultureinrichtungen. Aber die Wahl des Namens zeigt die Zuneigung der Andalusier zu diesem Produkt.

Nicht nur für den Schinken, der meist als Vorspeise gereicht wird, zeigen die Andalusier eine starke Vorliebe, sondern auch für die Süßigkeiten am anderen Ende der Speisekarte. Die zucker- und eigelbreichen Naschereien haben sie bei der Namensgebung gleich ins Göttliche gehoben und mit klingende Bezeichnungen wie »Engelshaar« (*cabello de ángel*), »Nonnenseufzer« (*suspiro de monja*), »Heiligenknochen« (*huesos de santo*) oder »Himmelsspeck« (*tocino de cielo*) belegt. Die andalusische Tradition hat hier höchst raffinierte Rezepte ersonnen. Leider sind diese Leckereien, wenn überhaupt, eher in Konditoreien zu finden als in Restaurants. Dort, wo unsereins Kontakt zur andalusischen Küche bekommt, beschränken sich die meisten

Köche bei den Nachspeisen ärgerlicherweise auf die unvergänglichen spanischen Klassiker *flan* (Karamelpudding), *natillas* (Vanillecreme) und verschiedene Eisvariationen.

Überall präsent ist hingegen eine besondere Meisterschaft Andalusiens, die der Kultivierung von alkoholischen Getränken. Grundlage hierfür ist der Verschnitt von Weinen, wie er vor allem rund um Jerez de la Frontera gepflegt wird, daneben auch in Montilla oder Málaga. Diese Technik, die anderswo verpönt ist, haben die andalusischen Winzer und Kelterer so vervollkommnet, daß jeder, der Alkohol mag, seine Sherrysorte finden wird, ob staubtrocken wie der *Fino* oder klebrig süß wie der *Pedro Ximénez*. Auch die rund um Jerez gebrannten Brandys gehören zu den besten der Welt, das gleiche gilt in seiner Kategorie für den Essig, der aus Sherry gewonnen wird. Falls Sie es noch nicht aus anderer Quelle erfahren haben sollten: Der internationale Begriff Sherry ist die unvollkommene lautliche Nachahmung des Weinnamens »Jerez«, der sich eigentlich in etwa »Cherréss« ausspricht; am korrektesten mit einem gelispelten *s* am Ende. Diese Artikulation war den Briten und anderen Ausländern, die sich im 18. Jahrhundert für diese Weine begeisterten, zu mühsam, darum blieb es bei der groben Verballhornung »Sherry«.

Dieser wenig behutsame Umgang mit dem ursprünglichen Namen des Weines tat der Perfektionierung seiner Herstellungstechniken keinen Abbruch. Die *Bodegas*, in denen ausgesuchte Weine der Gegend im besonderen Atlantikklima vergoren und anschließend nach der *Solera*-Methode verschnitten werden, sind Kathedralen des gepflegten Alkoholgenusses. Äquivalent zum beruhigenden Duft des Weihrauches werden sie vom Aroma der reifenden Weine durchweht, mitunter erfüllt der süßherbe Duft ganze Stadtviertel in Jerez de la Frontera, El Puerto de Santa María und Sanlúcar de Barrameda, den Hauptorten der Sherryproduktion. Im gedämpften Licht der angenehm temperierten Hallen kümmern sich die Weinspezialisten darum, daß der jeweils jüngste Jahrgang mit Partien aus früheren Ernten veredelt wird.

Auch zu dieser Kunst sollen übrigens die nordafrikanischen Herrscher früherer Geschichtsepochen einen wesentlichen Teil beigetragen haben. Heute kann einen der Besitz geistiger Getränke in manchen islamisch geprägten Staaten ins Gefängnis bringen. In früheren Jahrhunderten war die Situation offenbar anders. Bestimmte Keltertechniken und die Destillation von Branntwein seien Errungenschaften der islamischen Periode Andalusiens, kolportiert die Sherrywirtschaft. Gesichert ist in jedem Fall die arabische Herkunft des Wortes Alkohol – wie viele Arabismen an der Vorsilbe *Al-* gut erkennbar. Das Wort *Al-kuhl* habe zunächst allerdings für Augentropfen gestanden, schreiben Wörterbuchautoren. Wie dem auch sei – Tatsache ist, daß die Freunde gepflegten Alkoholgenusses einige der besten Brandys dem *Solera*-Verschnittsystem und der langjährig gepflegten Destillierkunst rund um Jerez de la Frontera verdanken.

Die feinen Tropfen gehören freilich nicht nur in den Randbereich der Speisekarte, sondern eigentlich zur Unterkategorie »Berauschende Getränke zur Förderung der Geselligkeit«. Das hohe Niveau bei der Herstellung alkoholischer Getränke ist also im Grunde ein weiteres Zeichen dafür, daß das ungezwungene Beisammensein vielen Andalusiern wichtiger ist als lukullische Genüsse. Und für diesen Zweck genügt ein Tresen in *el bar*. Bei diesem Wort schwingen in Andalusien nicht die Assoziationen von spätnächtlichem Amüsement und leicht verruchter Atmosphäre mit, die der Begriff »Bar« im deutschen Sprachraum wachruft. *El bar* ist ein Ort, um Menschen zu treffen, die Freizeit zu verbringen, Neuigkeiten auszutauschen, im stets flimmernden Fernseher Fußballspiele oder Stierkämpfe zu verfolgen – um sich wohl zu fühlen in der oftmals betäubenden Geräuschkulisse, die auch schwerhörige Blinde merken läßt, daß sie nicht allein sind.

An der Theke stehend, können die Gäste die Blicke über unendliche Batterien von Likören, Brandys, Whiskys und anderen Destillaten schweifen lassen. Es scheint eine Art Gesetz zu geben, wonach die Zahl der angebotenen Getränkemarken mindestens so hoch sein muß wie die Zahl der Stehplätze in einer andalusischen Bar. Kneipen, die sich bemühen, besonders individuell und urig zu sein, installieren als zusätzlichen Blickfang gigantische Tongefäße oder wenigstens Fässer, aus denen sie Sherryvariationen zapfen. Nicht nur um die Pflege des Alkoholkonsums macht sich das an-

dalusische Barwesen verdient. Hier sind bemerkens-
werterweise die kleinen Zwischenspeisen, die dazu
dienen, den Magen mit einer festen Unterlage auszu-
statten, oft weit raffinierter als das Essensangebot der
benachbarten Restaurants. Um diese *tapas* – eingelegte
Sardinen, fritierte Krabbenstückchen, marinierte
Fleischbällchen und so weiter und so fort – spinnen die
meisten Reiseführer große Mythen. Und in der Tat
kann man beim *tapas*-Probieren himmlische Gaumen-
freunden erleben. Auch hier gilt selbstverständlich
wieder die Regel: Nicht überall ist alles gleich in Andalusien, nicht alle Wirte stecken gleich viel Ehrgeiz in
die Entwicklung ihrer *tapas*-Kultur.

Falls Sie in einem Etablissement mit einem vielfäl-
tigen Angebot gelandet sein sollten und versuchen,
von dem Mann hinter dem Tresen Genaueres über die
Auswahl an Speisen und Getränken zu erfahren, wundern Sie sich vielleicht über seine betonte Geschäfts-
mäßigkeit im Umgang mit Kunden. Das liegt in der
Natur vieler andalusischer Männer, und Sie werden es
fast immer mit Männern zu tun haben, denn der gastronomische Service ist hier wie überall in Spanien
fest in männlicher Hand. Äußerlich geben sich die
Herren alle Mühe, um auf den Kunden einen guten
Eindruck zu machen. Bis auf wenige Ausnahmen sind
sie stets makellos bekleidet. Weißes Hemd, frisch ge-
bügelt, als Ergänzung oft Fliege sowie dunkle Weste
und schwarze Bundfaltenhose sind Standard. Aber das
Servieren, Abräumen und Kassieren wickeln die Ga-
stronomie-Beschäftigten meist mit der gleichen An-

teilnahme ab wie ein Autobahntankwart die Verteilung von *gasolina*. Das Restaurantwesen in Südspanien ist ein Wirtschaftszweig, in dem man arbeitet, um dort Geld zu verdienen, wenn man jemanden findet, der es einen verdienen läßt. Das gilt für die Küche und ebenso für den Service.

Die Berufsbezeichnung *camarero* ist auch keine gute Motivation, um sich als moderner Dienstleister des 21. Jahrhunderts zu verstehen – wer will heute schon »Kammerdiener« sein? Wenn Ihr Ober auf Signale gar nicht oder nur mit einem geknurrten *¿Eh?* reagiert und wenn er sich beim Abtragen der Teller augenscheinlich nicht dafür interessiert, wie es Ihnen geschmeckt hat, sondern nur für das Fußballspiel auf dem Bildschirm oben in einer Ecke des Raumes, nehmen Sie es nicht krumm. Es ist kein böser Wille, Sie haben es vielmehr mit jemandem zu tun, der hier vor allem serviert, um sich nicht in das große Heer der andalusischen Erwerbslosen einzureihen. Und Sie können fast immer sicher sein, daß aus seinem Verhalten keine spezielle Geringschätzung für Touristen spricht. Er wird seinen Landsleuten nicht wesentlich anders begegnen, es sei denn, er kümmert sich um echte Stammgäste.

Ich kenne nur ein wirksames Mittel, um selbst den unterkühltesten andalusischen Ober zum Auftauen zu bringen: ein Baby auf dem Schoß. Wer sich als Alleinreisender an die Wortkargheit der Bedienungen gewöhnt hat, wird überrascht sein, zu welchen Grimassen sich die Herren plötzlich hinreißen lassen, wenn

sie damit ein kleines Kind zum Lachen bringen können. Ein hübsches Mädchen, eine *nena*, ist sowieso
eine Göttin. Aber auch einem kleinen Jungen, einem
nene, tätschelt der Ober gern das Bäckchen und raunt
dem Säugling, der kaum sein Fläschchen halten kann,
kumpelhaft *¡Hombre!* zu.

Ein Kind ist ein Eisbrecher, der immer funktioniert.
Vielleicht kommen Sie aber auch ohne ein solches
Hilfsmittel mit Ihrem Ober ins Gespräch, sonst hat
man ja nicht so oft Kontakt mit Einheimischen. (Ich
sagte es bereits: meistens ist es ein Er, es sei denn Sie
halten sich in einer niederländischen Kneipe in Torremolinos auf, wo Antje bedient.) Wenn Sie jedenfalls
mit José, Juan oder Enrique etwas reden sollten, werden Sie unter Umständen erfahren, daß er recht gut
deutsch spricht, weil er eigentlich Industriearbeiter ist
und acht Jahre in Stuttgart *geschafft* hat, *beim Daimler,*
wie er mit gekonnt schwäbischem Akzent präzisiert.
Und dann wird Ihnen schnell klar, daß er sich bei seiner Rückkehr von seinem Deutschland-Aufenthalt etwas anderes erträumt hatte, als jeden Abend bis ein
oder zwei Uhr nachts Essen durch die Gegend zu tragen.

Wenn Sie jetzt meinen, so spät wird es doch nicht,
kann ich nur entgegnen: Doch, so spät wird es. In
Spanien wird zu ungewöhnlichen Zeiten gegessen.
Dieses Klischee gehört nicht zu denen, die bei einer
näheren Überprüfung in sich zusammenbrechen. Es
ist tatsächlich so: Mittagessen sollte nach Meinung der
Einheimischen eigentlich gegen halb drei oder drei

Uhr eingenommen werden und wer um neun Uhr zu Abend essen will, ist wirklich früh dran. Das heiße Klima ist sicher ein Argument für diese gegenüber dem Rest der Welt nach hinten versetzten Essenszeiten, kann aber keine landesweite Gültigkeit beanspruchen. Ich habe es bei extrem niedrigen Außentemperaturen im nordspanischen Herbst erlebt, daß ich um halb zehn Uhr abends als einziger Gast in einem *comedor* saß, und eine Stunde später war der Speiseraum brechend voll. Allein mit der Hitze ist der späte Hunger der Spanier also nicht unbedingt begründet, aber von allen Spaniern können die Andalusier noch mit der größten Berechtigung darauf verweisen, daß sie sich mit der Nahrungsaufnahme der Temperaturkurve des Tages anpassen wollen.

Auch diese Aussage muß ich wieder mit dem Verweis auf die Touristenzentren an der Küste einschränken. Dort bekommt der Gast Essen, wann immer ihn danach verlangt. Nach all den Hinweisen auf die Besonderheiten der Touristengebiete kann ich nicht umhin, endlich den Fremden in Südspanien ein eigenes Kapitel zu widmen.

Fluchtpunkt Andalusien
Verheißenes Land für Emigranten aus Manchester, Mainz und Marrakesch

*Ü*berfremdung ist ein deutsches Wort, das auf beeindruckende Weise die Möglichkeiten unserer Sprache ausschöpft: Das Fremde schwappt über uns herein – elegant packen wir diesen furchterregenden Prozeß in eine überschaubare Lautfolge. Das Spanische kennt keine adäquate Übersetzung. Denkbare Konstruktionen wie *infiltración extranjera* sind nicht nur umständlich, sie geben auch den deutschsprachigen Inhalt nur unangemessen wieder. Dabei hätten die Bewohner vieler spanischer und besonders andalusischer Orte von allen Europäern vielleicht am ehesten einen Grund, Begriffe zu finden, die den Prozeß der Überfremdung beschreiben.

Der Zentralbereich der Costa del Sol, also der Abschnitt zwischen, sagen wir, Nerja und Estepona, ist nicht nur im Sommer ein von internationalen Touristentruppen annektiertes Gebiet. Auch in den Monaten mit etwas geringerer Sonnenscheindauer übersteigt in mancher Kommune die Zahl der fest installierten Zugereisten aus aller Herren Länder deutlich die Zahl der angestammten Andalusier. Einige Neubürger verdienen hier ihren Lebensunterhalt als Autoverleiher oder Rheumaärzte. Der größere Teil konsumiert die Transferzahlungen der heimischen Renten- oder Pensionskassen.

Emigranten neigen dazu, sich an bestimmten Orten ihrer Wahlheimat zu sammeln. In den USA ziehen Stadtviertel wie Chinatown oder Little Havanna sogar wiederum andere Fremde an, die das Phänomen einer kulturellen Insel bestaunen wollen. Auch in Andalusien konzentrieren sich die größeren Einwanderernationen in abgegrenzten Bezirken. Wer das Zentrum des reizvollen Städtchens Nerja erreicht, wird verwundert sein spanisches Wörterbuch wegpacken und bereuen, daß er kein englisches dabei hat. Hier werden Speisekarten gern einsprachig ausgehängt, die *Full English breakfast* anbieten oder *Roast suckling pig.* Das Personal ist ebenfalls einsprachig und wird entsprechend gesucht: *Staff wanted – apply inside.* Kneipen locken Sportfans mit *Giant Screen Football* an, Freunde des Kartenspiels umwirbt der *King of Hearts Bridge Club.* Und wer noch Zweifel hat, wie der Einfluß unter den Bevölkerungsgruppen in Nerja verteilt ist, muß nur einen Blick ins Schaufenster eines Weinladens werfen, der Flaschen mit den Wappen der jeweiligen Lieblings-Fußballclubs verkauft. Fünfzehn britische Teams sind dort mit einem eigenen Etikett vertreten, sechs deutsche und vier spanische.

Nur wenige Kilometer weiter westlich wandelt sich das Bild völlig. In Torrox Costa werden Sie überhaupt kein Wörterbuch brauchen. Hier offeriert Don Sancho »21 Sorten Schnitzel mit Beilagen«. Beerdigungsinstitute beschriften ihre Firmenschilder ebenso auf deutsch wie Möbelläden. Im Radio erschallt »Welle Süd – Ihr deutscher Oldie-Sender«. Die potentielle Hörerschar ist offenbar so groß, daß der Moderator Peter Petersen es sich leisten kann, nur einen Teil des deutschsprachigen Publikums anzusprechen: »Dat geiht di wat an.« An den Kiosken hängen nicht nur importierte Zeitungen aus Deutschland, Österreich und der Schweiz, auch die lokale deutschsprachige Presselandschaft ist vielfältig. In teils kurzlebigen, teils bereits traditionsreichen Blättern kann sich der Leser über Pläne für neue Mülldeponien an der Costa del Sol informieren, über jüngst eingeweihte Golfplätze oder auch über spanische Innenpolitik. Der Anzeigenteil widmet sich ausführlich dem andalusischen Immobilienmarkt, viele Leser wollen ja länger hierbleiben. Deutsche Supermarktketten mit spanischen Dependancen tragen in Annoncen ihren Teil zum hundertprozentigen Heimatgefühl bei: »Lidl ist billig«. Ärzte aller Fachrichtungen nutzen es freudig aus, daß für ihren Beruf in Spanien kein Werbeverbot besteht. Unter einer großen Zahl anderer Mediziner preist sich dort niemand geringerer als der »Doctor Ideal« an: Dr. Dr. Ten Ton M. D. M. D. (M.A.). Der Name und die beigefügten Titel sind nicht erfunden, jedenfalls nicht von mir.

Wer einen besonders intensiven Sonnenbrand erlitten hat, den tröstet die Esoterik-Kolumnistin einer deutschsprachigen Wochenzeitung, daß dies nur vordergründig von Nachteil ist. »Spirituelle Wesen« hätten die Ozonschicht der Erde ruiniert, läßt Gaby Guder wissen. Und zwar in unserem Interesse: »Um Katastrophen, Kataklismen und Klimaphänomene herbeizuführen, die im Endeffekt als Reinigungsprozeß für die Erde dienen können. Durch das Ozonloch kommen ganz neue Strahlungen aus dem Weltall auf die Erde. Diese Strahlungen sind es, die uns beim Übergang in ein neues Zeitalter helfen werden.« Wer noch Fragen hat, kann seinen Andalusien-Aufenthalt nutzen, um weiterführende Workshops zu belegen: »Mit Engeln arbeiten«.

(Eine Anmerkung, um mich nicht dem Vorwurf der mangelnden Aktualität auszusetzen: All solche Kuriositäten sind mitunter wenig langlebig und können bereits wieder verschwunden sein, wenn Sie diesen Text lesen. Doch der Geist, der dahinter steht, wird weiter wehen und Ihnen sicherlich in ähnlichen Erscheinungsformen begegnen.)

Kein Zweifel, es haben sich Menschen mit den unterschiedlichsten Philosophien in Andalusien breitgemacht. In Málaga hat ein früherer Konsul mitgeholfen, eine deutschsprachige Freimaurerloge ins Leben zu rufen. In dem einstmals beschaulichen Bergort Órgiva hat sich eine Kommune von Angelsachsen angesiedelt, die den Hippiegeist der sechziger Jahre mit aller Macht ins dritte Jahrtausend retten will. Die Altanlieger reagieren mit Schulterzucken bis Kopfschütteln auf die filzhaarigen Freunde zerschlissener indischer Kleidungs-

stücke. Rund um Marbella kultivieren Alt- und Neu-
reiche den Jet-Set-Geist der sechziger Jahre, um auch
ihn ins dritte Jahrtausend zu retten. Dort, wo Alfonso
von Hohenlohe und Gunilla von Bismarck schon seit
Jahrzehnten Stoff für die internationale Klatschpresse
liefern, finden sich immer neue Generationen von irgendwie zu Geld Gekommenen, die sich gern im Glanz
ihrer Champagnerkelche spiegeln.

Die Masse und Vielfalt der Zuzügler wächst unauf-
hörlich. Im Windschatten der kolonisatorischen Weg-
bereiter aus Großbritannien und Deutschland haben
inzwischen sämtliche Nationen Europas in Andalusien
Fuß gefaßt. Auch aus dem fernen Rußland kommen
Touristen, die das Mittelmeer angemessener finden als
das Schwarze Meer. Nicht allein auf den Speisekarten
in Torremolinos mehren sich die kyrillischen Schrift-
zeichen. Offizielle Vertreter von Marbella und Moskau bemühen sich um freundschaftliche Kontakte
zwischen ihren Städten. Nur böse Zungen behaupten,
es gehe dabei unter anderem um den Austausch von
Korruptionstechniken. Eine besondere Atmosphäre
umweht auch eine andere Gruppe von Gästen. In
Marbella genießen das saudi-arabische Herrscherhaus
und einige seiner wohlhabenden Untertanen seit vielen Jahren eine Sonne, die etwas milder ist als in der
Heimat.

Das Aufeinanderprallen der Kulturen führt zu faszinierenden Ergebnissen. Dort, wo kein Kulturkreis
mehr eindeutig die Oberhand hat, scheinen alle Nor-
men des Geschmacks und der Vernunft zu fallen, die

sich das Abendland in langen Jahrtausenden erarbeitet
hat. Temperaturen, die in Deutschland an den Ge-
brauch einer Strickjacke denken lassen, sind für ge-
setzte Herren mittleren Alters in Benalmádena Costa
Grund genug, um sich beim Spaziergang an der
Strandpromenade fast völlig zu entkleiden. Selbstver-
gessen strecken sie ihrer Umwelt den wohlgenährten,
sonnengeröteten Bauch entgegen und versuchen an-
gestrengt, die noch durch weiße Flecken getrennten
Brandzonen miteinander zu verbinden. Junge Damen
widmen sich sofort nach der Ankunft im Strandhotel
mit Eifer dem Ziel, sich großflächig die Haut zu ver-
sengen. Graumelierte Endfünfziger, die nach der Ak-
kuratesse ihres Haar- und Schnauzbartschnitts und
nach der Preislage ihrer Sonnenbrille zu schließen, im
Berufsleben nicht für einen Moment das Anzugsakko
ablegen, setzen sich lediglich mit Shorts bekleidet ins
Restaurant. Die Beinahe-Nackedeis genieren sich
nicht im geringsten, wenn ihnen ein Ober in langen
Hosen, Weste und schwarzer Fliege am blütenweißen
Hemdkragen gegenübertritt. Beim Bestellen des Menüs sind die Fremden dankbar, daß das Restaurant die
Speisekarte im elementarsten semiotischen Code ver-
faßt hat: Fleisch, Fisch und Gemüse sind abfotogra-
fiert, ohne weitere Erläuterung. Der Gast muß nur
darauf zeigen.

Solcher Hilfsmittel bedienen sich nicht nur die Vier-
zehntage-Touristen, sondern auch viele Menschen, die
ihren Lebensmittelpunkt an die Costa del Sol verlagert
haben, *Residenten*, wie sie im lokalen Jargon genannt

werden. Wenn keine Zeigebilder verfügbar sind, befleißigen sie sich im direkten Kontakt mit den Einheimischen vorzugsweise der Zeichensprache. Denn Spanisch zu erlernen, bloß weil man in Spanien lebt, das ist vielen dann doch zu aufwendig. Untereinander verständigen sich die meisten *Residenten*, je nach ihrer Herkunft, auf deutsch, englisch oder schwedisch. Und sie bemühen sich, alles, was sie so brauchen, unter sich zu organisieren: Skatclub, Schlagerband, Freundeskreis für Ausflüge. Auch wenn der Vergleich hinken mag, drängt sich mir eine Parallele auf: Ein Türke, der es in Berlin, Wien oder Zürich versäumt, Deutsch zu lernen, gilt als Integrationsverweigerer. Für das Ausmaß von Immunität gegen spanische Einflüsse, das manche *Residenten* von Torrox oder Estepona an den Tag legen, ist noch kein Wort gefunden worden.

Es gibt selbstverständlich auch Extremisten der anderen Art. Auf Stierkampfplakaten in den Küstenorten sind nicht nur spanische Namen zu finden, sondern auch mal Niko Norte – *El Holandés*. Ein ehrenwerter Versuch eines Niederländers, den besseren Andalusier zu mimen. In San Pedro Alcántara präsentiert ein gewisser Carlos del Río seine Interpretation des *Flamenco puro*. Bürgerlich heißt der deutsche Staatsbürger Carl Schroebler. So sehr lieben manche Deutsche das ursprüngliche Andalusien, daß sie es gerne selbst neu erschaffen würden. Zum Beispiel Doris Dörrie: Die Regisseurin hat mit ihrem Film *Bin ich schön?* eine anrührende Liebeserklärung an Andalusien gedreht, besser gesagt, an Deutsche in Andalusien.

Einheimische kommen in dem Film nicht vor, zumindest nicht als Schauspieler. Die Hauptrolle des greisen Andalusiers hat Doris Dörrie doch lieber mit dem deutschen Altstar Dietmar Schönherr besetzt. Der bemüht sich immerhin redlich, mit spanischem Akzent zu reden.

Ein anderes schönes Beispiel für erdrückende Liebe zu Andalusien liefert ein Reporter in der Zeitung *Das Parlament.* Er gehört zu jenen Deutschen, die am besten wissen, wie die Südspanier mit ihrem Land und ihrem Leben umgehen sollen, und klagt: »Andalusien hat sich mittlerweile von der europäisch-amerikanisierten Kultur in den finalen Würgegriff nehmen lassen. Bereitwillig ist es eingetaucht in eintöniges, grelles Neonlicht, pfeifend auf das eigene vielgesichtige, bunte Leben.« Ach, diese Andalusier! Wenn sie nur auf uns hören wollten und bei ihren Kastagnetten blieben! Aber nein, ungeachtet unserer Warnungen schlittern sie in die kulturelle Verelendung.

So ambivalent wie die Haltung der Touristen und Einwanderer zu den Andalusiern, so zwiespältig ist auch deren Sicht der neuen Nachbarn, seien es Nachbarn auf Dauer oder auf Zeit. Zunächst einmal werfen die Andalusier alle Zugereisten, die nicht gerade aus Portugal oder Südfrankreich kommen, in einen Topf, in den der *guiris.* (Das *u* wird nicht gesprochen, weshalb das Wort in etwa »gieri« klingt.) Mit diesem Begriff wurden im 19. Jahrhundert die Anhänger der Regierungstruppen von ihren Gegnern bespöttelt, später auch die Polizeitruppe Guardia Civil. Heute bezeichnet das Wort alle Blaßhäutigen, hat jedoch seinen abfälligen Charakter weitgehend verloren. Zumindest kommt es vor, daß angetrunkene junge Andalusierinnen, die es auf einer *fiesta* schick finden, sich mit einem Ausländer zu unterhalten, ihn mit den Worten ansprechen: »You are *guiri, what's your name?*«

Bei einer weiteren Differenzierung dieser Oberkategorie folgen die meisten Andalusier den gängen Klischees über die verschiedenen zugereisten Volksgruppen. Schweizer und Holländer sind langweilig. Briten und vor allem Iren trinken gern und schlagen dann über die Stränge. Deutsche trinken ebenfalls viel, vertragen es aber besser. Denn Deutsche sind nicht nur Menschen, sondern irgendwo auch Maschinen. *Cabezas cuadradas* – übersetzen wir es mit Eckschädel oder Sturköpfe – ist ein in ganz Spanien beliebtes Synonym für Deutsche. Daneben gilt der *germano,* wie er auch genannt wird, als anspruchsvoll. Das empfinden andalusische Tourismusmanager einerseits als Aufgabe, der sie sich stellen wollen. Andererseits gehören die deutschen Wünsche nach Ruhe, Grünflächen, Umweltschutz und ähnlichen Dingen in den Augen vieler Andalusier doch eher in den Bereich Klimbim. Außerdem meint der Chef der andalusischen Tourismusbehörde mit einem Schuß Unverständnis: »Die Deutschen sind an ihren Urlaubszielen viel anspruchsvoller als in den Städten, in denen sie leben.« Was wiederum Zeitungskolumnisten zum Beispiel in *Sur* aus Málaga zu Kommentaren veranlaßt wie: »Wenn eine seiner Forderungen nicht erfüllt wird, sucht sich der

Deutsche ein anderes Ziel. Wer zahlt, bestimmt. Und damit ist die Geschichte erledigt. So einfach.«

Selbst wenn das Spanische noch keine angemessene Entsprechung für den Begriff »Überfremdung« gefunden hat, üben sich dennoch einzelne Andalusier in Wortschöpfungen für die Spielarten der Zuwanderung. In Granada zum Beispiel ist Curro Albaicin durch seine Rezitationen von Lorca-Gedichten zu einer gewissen Lokalgröße geworden; weil seine Großmutter *gitana* war, fühlt er sich nicht nur als Verfechter andalusischer Lebensart, sondern auch zum Verteidiger des Zigeunertums berufen. Deshalb ärgert es ihn, daß sich das frühere Zigeunerviertel Sacromonte nach seiner Beobachtung heute fest in der Hand von ausländischen Besitzern befindet. Um seinem Zorn Ausdruck zu verleihen, wählt er die schönen Worte: »Das ist Villa Franckfurt.« Was in spanischen Ohren sowohl Assoziationen mit einer hessischen Großstadt weckt als auch mit einer Wurstsorte, die hier einfach *frankfurt* genannt wird.

Die andalusischen Tourismusbehörden bemühen sich, solche Aversionen in Grenzen zu halten. An den Orten, wo Spanisch zu den aussterbenden Sprachen gehört, kleben sie Plakate mit Sympathiewerbung für den Fremdenverkehr als solchen. Die Propagandasprüche reden den verbliebenen Andalusiern ins Gewissen, sich zu beherrschen: »Der Tourismus ist die wichtigste Industrie der Costa del Sol. Er schafft Wohlstand und Beschäftigung. Damit das so bleibt, braucht er die Unterstützung aller.« Mich erinnert das

ein wenig an die Propagandastrategien in der unterge-
gangenen Deutschen Demokratischen Republik. Die
zeichnete öffentlich *Helden der Arbeit* aus und ließ die
Werktätigen bekennen: »Mit Gummiwerker-Elan erfüllen wir den 86er Plan!« In gar nicht unähnlicher
Manier plakatieren die Behörden an Spaniens Südkü-
ste Bilder der Unternehmerin Alicia Santotomás aus
Estepona mit der Erläuterung: »Für sie ist es sehr
wichtig, ihre Kunden gut zu behandeln. Auch den
Touristen bietet sie immer das Beste. Darum hat sie
beschlossen, Fremdsprachen zu lernen. So wie Alicia
machst auch du Tourismus. Denn die Qualität unserer
Dienstleistungen und die Freundlichkeit unserer
Menschen sorgen dafür, daß die Costa del Sol jedes
Jahr das bevorzugte Ziel von Millionen von Touristen
ist. Denk daran. Auch du machst Tourismus.« Der
wichtigste Wirtschaftszweig der Sonnenküste soll weiter florieren, darin stimmen alle überein, abgesehen
von einigen Querulanten. Alle naslang fallen dem
Durchreisenden daher neue Rohbauten ins Auge, neu
ausgewiesene Baugrundstücke und Ferienkomplexe
kurz vor der Fertigstellung. Nicht etwa nur mit Blick
auf Berge oder Meer, sondern auch direkt an der Autobahn. An Käufern oder Mietern herrscht anschei-
nend kein Mangel, zumindest nicht an Investoren, die
sich zufriedenstellende Renditen erhoffen.

Ob man es schön, erträglich oder furchtbar findet,
was mit diesem Abschnitt des Mittelmeers passiert ist
und weiterhin passiert, bleibt eine Frage der individu-
ellen Sicht. Es ist jedenfalls nicht mehr die gleiche Kü-

ste, die ein Autor des *Rheinischen Merkur* im Mai 1961 noch als »eine der letzten Kostbarkeiten Europas« beschrieb. Und Fuengirola nannte er guten Gewissens ein Fischerdorf. Solche Worte muten heute an wie Berichte aus dem 17. Jahrhundert über die von Wald und Sümpfen bedeckte Insel New Amsterdam, die wir als Manhattan kennen. Fuengirola habe 1961 noch den Beinamen »schlafende Prinzessin« getragen, schrieb der Reporter. Da drängt es sich auf, den Gedanken weiterzuspinnen in Richtung »stürmisch wachgeküßt«. Bei näherer Betrachtung des Touristenzentrums schreibe ich lieber: »ruchlos geschändet«.

Natürlich sind wir Ausländer daran schuld, darüber kann es überhaupt keine Diskussion geben. Briten, Deutsche, Österreicher, Niederländer – alle wollen sie Ferienhäuser, Apartments oder Hotelzimmer. Die schönsten Geschichten zu Aufstieg und Fall der andalusischen Küsten liefern aber die einheimischen Katastrophengewinnler. Mein Liebling unter all jenen, die die Vernichtung der Costa del Sol zu ihrem Lebenszweck gemacht haben, ist der Mann, der es 1991 schaffte, sich zum Bürgermeister der Glamourstadt Marbella wählen zu lassen: Jesús Gil y Gil. Seine Biographie ist ein Lehrstück, welche Lebenswege die Touristisierung der andalusischen Strände möglich und erstrebenswert gemacht hat.

Anfang der neunziger Jahre, als Gil y Gil, wie gesagt, in die Politik einstieg, hatte der Mann mit dem einer Operette würdigen Namen bereits eine berufliche und eine kriminelle Karriere hinter sich, mit der er besser noch als in eine Operette in ein Stück von Bert Brecht gepaßt hätte. 1934 in der nordspanischen Provinz Soria geboren, fühlte er sich mit Mitte Dreißig zum Bauunternehmer berufen. Sein erstes großes Projekt stürzte im Jahr 1969 kurz nach der Fertigstellung ein. 58 Menschen fanden den Tod, Gil y Gil kam wegen Fahrlässigkeit ins Gefängnis. Dort verbrachte er allerdings nur 18 Monate, bis ihn der Diktator Franco begnadigte.

Dieser Gefängnisaufenthalt war der Auftakt zu einem Dauerkonflikt mit der Justiz und anderen staatlichen Einrichtungen. Als Gil y Gil das Alter erreichte, in dem andere in Rente gehen, hatte er es auf rund achtzig Gerichtsverfahren gebracht. Nichtsdestoweniger hatte er sich auf den Präsidentensessel eines der wichtigsten spanischen Fußballclubs emporgearbeitet, Atlético Madrid. An der Spitze einer Partei namens *Grupo Independiente y Liberal,* GIL, hatte er mühelos das Rathaus von Marbella erobert. Die Wahlbürger der Costa del Sol überzeugte er mit seiner durchweg hemdsärmeligen Art, mit populistischen Parolen und rigorosem Vorgehen gegen Bettler oder Drogenabhängige – und kraft seines unerschütterlichen Selbstbewußtseins gegenüber staatlichen Behörden: »Normale Leute kommandiert das Finanzamt. Mir küßt das Finanzamt den Hintern.« Groben Worten ließ Gil y Gil grobe Taten folgen. Legendär ist sein Auftritt, als er den Chef des gegnerischen Fußballclubs Compostela mit den Fäusten angriff. Doch dies mehrte nur sein Ansehen in bestimmten Teilen der spanischen und vor allem der andalusischen Bevölkerung. Der Ruf, den er sich bis zu den neunziger Jahren erarbeitet hatte, war so von Donnerhall, daß die Partei GIL bei Kommunalwahlen an der Costa del Sol in etlichen Städten und Gemeinden regelrecht abräumte.

Im Jahr 1999 schließlich wurde es wieder einmal eng für Jesús Gil y Gil. Er saß kurz in Haft, kam aber gegen Kaution wieder frei. Die gegen ihn erhobenen Vorwürfe hatten eine stattliche Zahl erreicht. Gelder aus der Stadtkasse von Marbella sollen auf mancherlei Wegen in seine privaten Unternehmungen geflossen sein. Außerdem liefen gegen den Mann, der als Chef der Verwaltung eigentlich für die Einhaltung von Regeln verantwortlich war, dutzendweise Beschwerden, weil seine Baufirmen illegal ein Gebäude nach dem anderen errichteten. Bei anderen kannte Gil y Gil da übrigens keine Nachsicht. Das Privathaus eines früheren sozialistischen Bürgermeisters und den lokalen Sitz der Gewerkschaft UGT ließ er kurzerhand abreißen, weil sie angeblich nicht den Vorschriften entsprachen. Wenn Sie wissen möchten, was der wohl schillerndste Bauunternehmer Andalusiens aller Zeiten im Moment treibt, werfen Sie einen Blick ins Internet oder ein gutes Zeitungsarchiv. Sofern er zu dem Zeitpunkt, zu dem Sie dies lesen, noch lebt, wird Gil y Gil den Stoff für irgendwelche Nachrichten liefern. Das sind Geschichten, wie sie an der Costa del Sol geschrieben werden, vielleicht nur an der Costa del Sol.

Immerhin gaben und geben sich die Justizbehörden und die Regierungen in Sevilla und Madrid alle

Mühe, um in den südlichen Provinzen für Ordnung zu sorgen. Diesem Anliegen verschreibt sich die spanische Regierung nicht nur mit Blick auf Politik-Desperados wie Gil y Gil, sie argumentiert im gleichen Atemzug auch gegen eine andere Erscheinung, die – je nach Sichtweise – nicht unbedingt *in* Andalusien angesiedelt ist, sondern vielmehr *bei* Andalusien: die britische Kolonie Gibraltar. Die ist nach regierungsoffizieller Meinung Spaniens ein Verbrechernest, das andalusischen Boden besetzt hält. Diese Vermutung ist aus spanischer Perspektive statistisch belegbar. Verschiedene Zählungen kalkulieren zwischen 8000 und 80 000 Firmen auf diesen sechseinhalb Quadratkilometern britischem Hoheitsgebiet. Egal, welcher Wert näher an der Realität ist, gemessen an den rund 30 000 Einwohnern gibt es dort verblüffend viele Unternehmen. Und die meisten haben nach Ansicht der spanischen Antikolonialisten den alleinigen Geschäftszweck, Verbindungsglied zur Unterwelt zu sein. Die Gibraltarer und die britische Regierung fechten solche Vorhaltungen kaum an. Sie haben in rund 300 Jahren meist feindlicher Nachbarschaft zu Andalusien schon ganz andere Konflikte durchgestanden. Erst Mitte der achtziger Jahre konnte sich Spanien dazu durchringen, die Grenzblockade zu dem Territorium aufzuheben, das wohlgemerkt zu einem EU- und Nato-Partner gehört. Die umfänglichen Grenzanlagen wurden deshalb aber keineswegs abgebaut.

Das Werben Spaniens um Gibraltar erinnert ein wenig an das Verhältnis eines Klischee-Andalusiers zu einer unerreichbaren Angebeteten, wie man es in der Groschen-Literatur findet: Er will diese eine Frau um jeden Preis, obwohl sie ihm unmißverständlich die kalte Schulter zeigt. (Bei einer Abstimmung in den sechziger Jahren votierten lediglich 44 Stimmberechtigte für einen Anschluß an Spanien, viel dürfte sich an den Mehrheitsverhältnissen seither nicht geändert haben.) Damit sie versteht, wie ernst er es meint, verpaßt er ihr immer wieder mal eine Ohrfeige. (Dauerblockaden der Grenze gehören zwar der Vergangenheit an, doch Küstenwache und Polizei kommen immer wieder gegen Gibraltarer und spanische Pendler zum Einsatz.) Und während er die Begehrte, die ihn verschmäht, in bitteren Worten der Schamlosigkeit und Hurerei bezichtigt, findet er gar nichts dabei, sich zwei Mätressen zu halten. (An der nordafrikanischen Küste zählt Spanien seit dem späten Mittelalter die Städte Ceuta und Melilla zu seinen Besitzungen, die bei einem unbefangenen Blick auf die Landkarte eigentlich zu Marokko gehören müßten.)

Ceuta und Melilla sind eine Art Verlängerung Andalusiens nach Süden, und sie sorgen für eine geographische Besonderheit, die vielen gar nicht bewußt ist: Die Europäische Union hat eine Landgrenze zur Dritten Welt. Folgerichtig stehen dort Zäune, wie man sie auch von der Grenze zwischen den USA und Mexiko kennt. Es sind aber die eher Einfallslosen, die versuchen, auf diesem Weg in die EU zu gelangen, zumal sie damit noch nicht auf dem spanischen Festland angekommen sind. Die meisten Afrikaner, die der Not ihrer Heimat entfliehen wollen, versuchen direkt an die andalusischen Küsten überzusetzen. Viele setzen ihr Leben aufs Spiel, wenn sie in wackligen Nußschalen über die Meerenge von Gibraltar treiben. Kaum eine Woche vergeht, ohne daß Ertrunkene an die Strände Andalusiens gespült werden.

Aber nicht nur Einwanderer mit dem allgemeinen Fluchtziel Europa streben unter Einsatz ihres Lebens auf das vermeintliche Eingangstor Südspanien zu. Auch die Gegend selbst, deren Armut die Menschen noch vor wenigen Jahrzehnten nach Katalonien, Frankreich oder Deutschland vertrieben hat, ist heute zur wirtschaftlichen Hoffnung Tausender afrikanischer Zuwanderer geworden. Teilweise ohne Papiere, zum Teil auch mit offizieller Genehmigung arbeiten sie in den Gemüsepflanzungen im Großraum Almería oder auf den Erdbeerfeldern Westandalusiens. Die Plackerei ist schlecht bezahlt, manche Spanier sprechen voller Scham von Sklaverei, wenn sie sich die Arbeits- und Wohnbedingungen betrachten. Das sind die Entwicklungen, die die Gesetze des südspanischen Gemüsemarkts nach sich ziehen. Nur der Hersteller überlebt, der billig produziert – und das kann nur, wer Hungerlöhne zahlt. Einem spanischen Familienvater ist es daher leider nicht mehr möglich, mit Feldarbeit Frau und Kinder zu ernähren. Marokkaner oder Nigerianer sind die einzigen, für die es sich gerade noch rechnet, ihre Arbeitskraft zu verkaufen, um einen Ausweg aus dem Hunger zu finden.

Man könnte meinen, die Gastarbeiter würden in

Andalusien, wenn schon keine ordentlichen Löhne, so vielleicht eine freundliche oder wenigstens geduldete Aufnahme finden. Schließlich haben viele andalusische Familien das bittere Schicksal der Emigration selbst erlebt. Und gegenüber anderen Gästen, zum Beispiel aus Nordeuropa, zeigen die Andalusier ja meist eine stoische Langmut, auch wenn es ihnen nicht immer leichtfallen dürfte. Inzwischen denken aber wohl viele Andalusier beim Anblick der *guiris,* daß sie ja wesentlich zum neuen Wohlstand Andalusiens beisteuern, darin bestärkt sie schließlich auch die oben zitierte offizielle Propaganda. Den Beitrag, den Marokkaner und andere Nordafrikaner zum Aufblühen der Landwirtschaft leisten, weiß in Andalusien hingegen kaum jemand zu schätzen. Im Gegenteil, es ist wie im übrigen Europa: Gegen die Gruppe, die sich am besten isolieren läßt, erhebt der Rassismus sein häßliches Haupt. Immer wieder gibt es gewalttätige Ausschreitungen, bei denen Zuwanderer verprügelt werden oder ihre Hütten in Flammen aufgehen. Und in Wandsprüchen fordern Andalusier, man solle mit den *moros* verfahren wie 1492: sie zurücktreiben nach Afrika.

Die Nachbarschaft zu Afrika prägt Andalusien in vielerlei Hinsicht und stärker als irgendeinen anderen Teil Europas – ich habe dieses Thema bereits mehrfach erwähnt. So wächst durch die Nähe des anderen Kontinents die neue Bevölkerungsgruppe der Armutsflüchtlinge täglich an. Im Alltagsleben werden Sie den nordafrikanischen Neubürgern Andalusiens und ihren

Problemen dennoch selten begegnen. Sie leben meistens dort, wo sie arbeiten, in den Gemüsefeldern. Wenn Sie doch einmal einen dieser Zuwanderer sehen, könnten Sie die Gelegenheit nutzen, um eine kurze Dankesminute für Ihr Schicksal einzulegen. Seien Sie froh, daß Sie nicht den andalusischen Traum der Männer und Frauen aus Tanger und Algier träumen müssen. Der hat einige allzu brutale Sequenzen. Der Traum, den unsereins von Andalusien träumt, ist bei weitem angenehmer. Wenn er beim ersten Mal nicht wahr wird, geht die Welt nicht unter. Wir haben viele Versuche frei, ihn ein anderes Mal zu finden, den Traum von Andalusien.

PIPER

Susanna Schwager/Michael Hegglin
Gebrauchsanweisung für Mexiko

Eine Reise nach Mexiko wird zur Liebesgeschichte, die einen
nicht mehr losläßt. 201 Seiten. Geb.

So groß wie Westeuropa, aber weitaus vielfältiger, taucht
Mexiko aus dem Meer auf und erhebt sich, schneebedeckt,
fast 6000 Meter hoch, verbindet Atlantik, Pazifik, Karibik und
Wüste. Europäischer Rationalismus und indianische Schwere,
kosmopolitische Moderne und ländliche Urzeit, Realität und
Magie treffen aufeinander und vermählen sich zu einer eigen-
tümlichen Mischung. Von diesem Land wird man nicht verzau-
bert, man wird behext, und Reisen in sein Inneres werden zum
Abenteuer für Sinne, Gemüt und Geist. Doch wer sich Mexiko
hingibt, erlebt eine Liebesgeschichte, die er so schnell nicht
vergißt.

PIPER

Martin Pristl

Gebrauchsanweisung für
Griechenland

192 Seiten mit 16 Zeichnungen von Kostas Mitropoulos. Geb.

Mehr als zehn Millionen Touristen landen Jahr für Jahr auf den
rund 130 000 Quadratkilometern Erde zwischen dem Morgen-
und dem Abendland: in Griechenland. Goethe, selbst niemals
dort gewesen, mußte wohl so manche Sonderlichkeit geahnt
haben und empfahl, das Land der Griechen mit der Seele zu
suchen. Viele scheitern jedoch schon auf der Suche nach den
weißen, unberührten Traumstränden, die auf so vielen Werbe-
plakaten in den Reisebüros abgebildet sind. Martin Pristl weiß,
daß es in Wirklichkeit immer ein und derselbe ist: der Myrthos
Beach auf der Insel Kephallonia, praktisch unerreichbar für
Normalsterbliche und gerade deshalb noch so göttlich.
Die Geschichte vom Myrthos Beach ist nur eines der Geheim-
nisse, die der Autor lüftet. Er kennt viele verborgene Schätze
jenseits von Sand und Säulen – vor allem aber läßt er den
Leser einen tiefen Blick in das größte Geheimnis des Landes
werfen: in die Seele der Griechen selbst.

PIPER

Arno Frank Eser

Gebrauchsanweisung für Kuba

204 Seiten. Geb.

Alles an ihr ist Mythos – die grüne Karibikinsel Kuba. Seit Jahrhunderten scheinen sich auf Kuba die Widersprüche zu einer berauschenden Stilübung zu vereinen – Mambo und Jazz, Katholizismus und Santeria, die sozialistische Revolution und die versunkene Pracht der Zuckerbarone. Kuba, das war schon immer Improvisation, wer dort überleben will, braucht Phantasie und Gelassenheit. Dort, wo die Hotelhallen wie Kulissen für Gangsterfilme wirken, wird der alltägliche Behördengang zur absurden Komödie, der Brotkauf zur Geduldsprobe. Trotz allem, trotz politischer Repression durch die kommunistische Partei ihres *comandante* Fidel Castro, trotz des täglichen Stromausfalls lieben die Kubaner ihre Heimat, sie sind die Meister im Verdrängen. Sie haben sich eingerichtet mit den zerfallenden Fassaden und den vielen Freizeit-Prostituierten, den *jineteras*. Davon und wie man trotz Treibstoffmangel und Schlaglochorgien über die Insel kommt, erzählt Arno Frank Eser auf kurzweilige und anregende Weise.

PIPER

Jiři Gruša

Gebrauchsanweisung für Tschechien

201 Seiten. Geb.

Tschech heißt der Stammvater der Tschechen, und mit ihm beginnt Jiři Gruša sein Buch:»Milch und Honig im Überfluß«
meldet Tschech alttestamentarisch aus seiner Heimat. Nach
ihm erkannten das auch viele andere. Tschechien wurde zum
»Durchhaus Europas«, ein Ort, an dem sich die Kulturen
mischten und gegenseitig inspirierten. Herausgekommen ist
am Ende laut Gruša der moderne Tscheche, der Bastler, Tüftler
und Praktiker, den er liebenswert als optimistischen Nörgler
bezeichnet, ein Nachfahre des braven Soldaten Schwejk, dem
ein wundervolles Kapitel gewidmet ist.
Gruša entfacht in seiner »Gebrauchsanweisung für Tschechien« ein Feuerwerk an Zusammenhängen, Anspielungen
und handfesten Informationen über sein Heimatland. Von der
bewegten Geschichte über die reiche Literatur und von der
zungenbrecherischen Sprache bis hin zum Böhmischen Knödel
erfährt der Leser höchst Wissenswertes und manches ungeahnte Detail über unsere östlichen Nachbarn.